Afrique, un esprit pour le changement

Stratégies et solutions adaptées
pour le développement de l'Afrique

THIERNO MOUNTAGA MBOW

Afrique, un esprit pour le changement

Stratégies et solutions adaptées pour le développement de l'Afrique

Sénégal
L'Harmattan

Les positions soutenues dans l'ouvrage ainsi que les conclusions relèvent exclusivement de la responsabilité de l'auteur et n'engagent nullement la BCEAO.

10 VDN, Sicap Amitié 3, Lotissement Cité Police, DAKAR

http://www.harmattansenegal.com
senharmattan@gmail.com
senlibrairie@gmail.com

ISBN : 978-2-343-13917-3
EAN : 9782343139173

Je suis économiste, bachelier du lycée technique de commerce Maurice Delafosse.

J'ai la volonté de participer à la recherche d'idées pour notre cher continent, l'Afrique, dont les bras ont tant aidé les grands navires à prendre le large, mais qui a été laissé sur la berge.

J'ai une pensée pour cette terre, dont les bras ont construit la Maison-Blanche, un symbole de la plus grande puissance mondiale. J'ai une pensée pour ceux qui habitent ce continent, la plupart vivant dans des conditions misérables, alors qu'ils sont les peuples les plus riches du monde. Je m'impose alors le devoir de penser, sans prétendre être un penseur. Néanmoins, je pense avoir le droit de penser. Je m'autorise donc à penser au devenir et à la destinée de ce continent qui souffre d'une économie marginalisée, à penser les solutions, notamment économiques, devant sortir ce continent du sous-développement, de cette existence précaire, et des conditions socio-économiques difficiles pour la plupart de ses peuples. Il ne manque pourtant pas d'experts, d'ingénieurs, de spécialistes en économie, mais il tarde à mettre en marche son carré magique.

C'est pourquoi, en tant que titulaire d'un baccalauréat en économie, j'ai la passion de penser dans la science de Keynes, un nom que j'aime beaucoup et qui a attiré mon attention pendant que je suivais ses théories à la Faculté d'économie avec les professeurs Abdoulaye Diagne et Karamoko Kané. J'ai tout de même ce mauvais souvenir de n'avoir jamais eu une compréhension facile de leurs enseignements ; c'était pour moi la croix et la bannière pour obtenir une moyenne dans leurs disciplines, avec leurs « questions suicidaires » aux examens, comme le lisait mon ami Aboubakrine, par son interprétation de l'expression **« questions subsidiaires »**.

J'ai surtout un problème, et c'est le problème de l'Afrique : depuis que les experts économistes de l'Afrique et du monde ont commencé à réfléchir sur les stratégies de développement de ce continent, ce dernier fait des performances continuelles dans la croissance de la misère. Pour le continent africain, le sous-développement et la misère semblent être des fonctions croissantes du développement de la pensée économique.

Je n'ai cependant pas la prétention de porter des critiques sur les courants de pensée économiques, encore moins sur les stratégies de croissance et de développement conçues jusque-là par les experts économistes. Mais il s'agit de faire constater au moins que ces stratégies manquent d'efficience et d'efficacité par rapport aux progrès économiques que devait faire le continent, et de se poser les questions : pourquoi et comment se fait-il que la plupart des pays ne soient pas encore sur la piste pour le décollage économique ? Dans une certaine mesure, la question du « pourquoi ? » est résolue et des solutions sont théorisées, mais à mon avis, ce sont les réponses à la question du « comment ? » qui devraient être apportées.

Avant d'aborder les solutions, je dois signaler que les idées qui seront véhiculées émanent d'un auteur qui n'a pas le niveau de spécialiste sur les sujets évoqués. Les propositions qui seront faites partiront par conséquent de réflexions qui relèvent plus ou moins de l'intuition, mais qui pourraient aboutir à une certaine logique interpellatrice en direction des spécialistes sur les différentes questions abordées. Le but recherché serait moins de justifier scientifiquement, par des données chiffrées, les résultats qui pourraient en découler. D'ailleurs, les formules simplifiées des solutions que j'ai à l'esprit n'appellent pas une démarche de cette nature. Pour moi, ce serait tenter de démontrer que 1 plus 1 est égal à 2.

Le but de ce livre serait plutôt d'établir une liste de propositions pour les voies de développement économique de l'Afrique. Ces propositions seront sous-tendues parfois par des opinions sur les théories ou les faits existants, et visent à constituer des pistes de réflexion pour les lecteurs spécialistes attentionnés, à qui je lancerai à chaque fois une invitation à s'approprier les idées évoquées par une participation à la réflexion ou pour la poursuite de l'analyse.

Dans l'approche globale, des orientations stratégiques seront dégagées avec comme clé commune l'accroissement substantiel, et de façon progressive, le volume de travail effectif dans les économies africaines sous-développées. Cela va de soi que l'on n'aura pas besoin de démontrer que la croissance constante de la force de travail ferait progresser les autres grandeurs de l'économie.

De façon synthétique, les objectifs seront de participer à l'effort de conscientisation auquel les peuples, en particulier les jeunes des pays d'Afrique, doivent consentir. Il faudrait ensemble, que nous prenions en main la question de la recherche de solutions pour le développement de ce continent, et non pas rester dans une posture d'attente des stratégies de développement émanant seulement des gouvernants.

Parallèlement, ces idées seront une interpellation de ces gouvernants de l'Afrique ainsi que des postulants à la Direction de nos États, sur les questions stratégiques de développement.

La première réponse que j'ai à l'esprit est que les stratégies qui sont proposées par les experts sont complexes par rapport aux questions rudimentaires qui doivent être résolues pour le démarrage économique. Elles sont trop sophistiquées pour résoudre les questions simples auxquelles sont confrontées la majeure partie des populations en Afrique. Comment faire pour satisfaire les besoins des individus ? Comment faire pour leur procurer ou leur permettre d'acquérir des revenus minimums nécessaires à la satisfaction des besoins vitaux ?

L'Afrique n'a pas encore d'économie, il faudra d'abord créer son économie. Je pense que l'Afrique peut et doit se rattraper et rattraper les pays émergents sur ces questions. Il faudrait à mon avis ramener les stratégies économiques à la dimension de l'Afrique, c'est-à-dire imaginer des solutions économiques faciles, simples, à la mesure des questions de survie et d'existence.

Le développement des idées que je me propose d'émettre se fera en quatre parties, après ce chapitre introductif dans lequel je tenais à expliquer les motivations de ma participation à la réflexion sur les questions qui intéressent mon Afrique. D'ailleurs, ces motivations vont ressurgir parfois, au fur à mesure que les idées se développeront.

Les quatre chapitres seront axés respectivement sur :

- Le changement de vision sur l'appréciation des valeurs et des richesses qui devrait motiver la requalification de la force de travail ;

- Le développement de stratégies simples, adaptées à nos cultures et à nos réalités, qui seraient basées sur cette revalorisation de la force de travail ;

- Les changements profonds à apporter dans les secteurs piliers de l'économie pour une plus grande efficacité des stratégies de développement des ressources humaines nationales ;

- La mise en place de très grands projets et l'ouverture des chantiers de développement, qui seraient les réceptacles de la force de travail requalifiée, ainsi que les mesures d'attraction des capitaux étrangers.

Les lecteurs de ce texte sentiront tout au long du développement des chapitres cette passion que j'ai de vouloir apporter une réflexion personnelle sur les théories et pratiques économiques, ainsi que sur certaines questions liées à la politique. Une sorte de défi est lancé aux experts économistes et aux hommes politiques.

CHAPITRE PREMIER

CHANGEMENT DE VISION SUR L'APPRÉCIATION DES VALEURS ET DES RICHESSES ÉCONOMIQUES – UNE REQUALIFICATION DE LA FORCE DE TRAVAIL

Avant de rentrer, dans les chapitres qui suivent, dans le sujet des stratégies à mettre en œuvre pour déclencher le processus de développement économique et social, nous allons, dans ce chapitre, apporter une critique sur le fondement de l'appréciation des valeurs dans une économie.

Nous voudrions introduire par là l'idée d'économie originelle. A priori, tous les hommes sont des économistes, car la première question dans le domaine de l'économie doit se poser ainsi : comment faire pour exister ? Il faudrait un peu retourner à la question d'Adam et d'Ève après leur péché originel : comment faire pour exister sur Terre ? L'économie se crée d'abord par la résolution de la question d'existence. Ensuite, au fur à mesure que les choses se créent, la science économique se développe en fonction de ses besoins et devient une matière ou une discipline de spécialisation. Si aujourd'hui, pour les États-Unis ou pour la France, il y a des spécialistes qui réfléchissent sur les questions économiques, en Afrique, tous les hommes doivent pouvoir participer à la réflexion économique. En d'autres termes, la réflexion économique doit être une discipline transversale et inclusive pour les pays sous-développés. Elle doit être une science à évolution pyramidale, eu égard à ses intervenants. Elle doit être une science simplifiée, flexible et adaptable à une situation donnée.

C'est pour dire que dans nos économies en formation, nous avons beaucoup plus besoin d'acteurs économiques, conscients du rôle de propulseurs qu'ils ont à jouer, que d'analystes économiques. La seule stratégie importante à poser dans nos économies est de rendre puissant, par le biais de la formation et l'accompagnement, le moteur de création de la valeur.

Nous ne voulons pas faire partie de ceux qui pensent que les solutions pour l'Afrique émaneraient de réflexions scientifiques poussées. Elles doivent être axées sur une simple stratégie de mobilisation de la force de travail. Cette stratégie avait déjà été indiquée par le Président Abdoulaye Wade : « Il faut travailler, encore travailler, beaucoup travailler, toujours travailler ». Il faut travailler le jour, il faut travailler la nuit. C'est la seule clé que les autres continents étaient autrefois venus chercher en Afrique pour se développer. Elle a été utilisée dans le passé pour faire démarrer les autres navires. L'Afrique n'a pas encore d'économie, il faudrait songer à créer cette économie, à la faire avancer par son moteur : le travail.

Les problèmes de l'Afrique résultent plus du mal causé par les conséquences de la soif de pouvoir sur les peuples, que d'un mal qui doit être apprécié en termes de richesse économique. Aucun continent dans ce monde n'est plus riche qu'un autre. C'est une erreur de l'humanité d'apprécier les richesses en termes de quantité d'or, d'argent, de diamants ou de pétrole. La seule unité économique de mesure valable pour apprécier une économie donnée, ou pour quantifier la valeur d'un bien matériel ou immatériel, est la quantité de travail intégré. Les éléments précités sont des objets supports de stockage de quantité de travail, utilisables à des fins d'échange. 10 000 milliards de barils de pétrole sous terre valent zéro. C'est la quantité de travail contenue dans un baril de pétrole déjà extrait qui a une valeur et qui est utilisable ou échangeable avec une quantité de travail convertie en unités de dollars. Si l'on nous oppose que le pétrole ou l'or sont des richesses ou ont une valeur intrinsèque de par leur propriété naturelle de brûler ou de briller, nous répondrons qu'il faudrait s'en servir en les laissant brûler ou briller sous le sol. Il n'y aura dans ce cas aucune possibilité de satisfaction de besoins. Pour que cette possibilité puisse exister, il aura fallu investir des quantités énormes de travail en recherche et dans des stratégies de découvertes, des quantités énormes de travail dans des investissements en usines et en machines extractives et d'autres quantités de travail pour créer les conditions d'utilisation sans danger du pétrole, du gaz ou du carburant.

Que le pétrole soit sous le sol au Koweït, en Arabie Saoudite ou au Nigeria, pour l'utiliser en Gambie, il faudrait payer, proportionnellement aux quantités souhaitées, le prix de ce pétrole correspondant aux quantités de travail investies. Ces quantités de travail, quelles qu'en soient les unités de mesure ou les unités équivalentes, découlent d'un très long processus de travail accumulé, et sont contenues dans les valeurs investies en stratégies de recherches et d'études, la valeur des usines d'extraction, la valeur des bateaux de transport, dans les investissements en conception de stratégies de distribution, etc. Ce qui en fait un bien rare et cher par rapport à la quantité de travail contenue dans une mangue cueillie et prête à être consommée.

Il est facile de vérifier par cette thèse qu'il n'y a pas de terre plus riche, mais seulement des terres mieux occupées, ou mieux travaillées. Un individu qui n'a jamais produit un travail dans un espace donné ne peut être considéré économiquement comme un occupant de cet espace. Son occupation a une valeur économiquement nulle.

Avec cette perception de la fonction travail, la production prend une signification autre. C'est l'utilisation de la quantité de travail destinée soit à rendre disponibles des biens et des services, prêts pour l'échange sur le marché, soit à l'autoconsommation, c'est-à-dire à l'utilisation par le producteur des biens ou des services rendus disponibles par l'activité exercée. Par exemple, un individu qui lave lui-même son propre linge produit un travail qu'il consomme directement. La préparation des trois repas quotidiens dans les sociétés africaines est une valeur ajoutée non estimée dans nos économies, mais qui joue une fonction importante dans la production intérieure. L'autoconsommation de services est difficilement mesurable dans une économie, mais elle doit être prise en compte dans le calcul de la valeur ajoutée. En tout état de cause, elle est un élément important dans l'appréciation de la fonction d'occupation, le cumul des valeurs individuelles d'occupation pouvant être retenu comme instrument de base pour l'évaluation des richesses des nations. À partir de ce postulat, l'Occident et l'Amérique sont évidemment mieux occupés que les autres parties du monde par le travail importé de l'esclavage.

Les richesses dans le golfe persique et l'Arabie Saoudite ne sont qu'une énorme accumulation de valeurs travail importées, un méga transfert technologique, un long processus allant de la recherche à la conception de stratégies d'exploitation des biens de leur sous-sol. Donc, ce processus pourrait être assimilé à une transposition simple de valeurs sur le désert, un superinvestissement. Nous ne sommes donc pas d'avis que ces pays sont devenus riches par la simple présence de pétrole ou de gaz dans leur sous-sol. Ces prétendues valeurs en constituent simplement des opportunités, par ailleurs surestimées, renchéries et souvent source de déséquilibres, se camouflant par la fluctuation des fortes monnaies des grandes puissances qui en font l'exploitation. À cet égard, une nouvelle loi économique devrait faire la part des choses, car cette création fictive de valeur est certainement à l'origine des disparités géoéconomiques de ce monde.

Une émergence structurelle ne pourrait reposer uniquement et continuellement sur l'importation de gratte-ciel, d'aéroports, de Boeings ou d'Airbus, en contrepartie des pétrodollars.

Si les avancées technologiques permettaient dans l'avenir l'exploitation des énergies renouvelables qui induirait la chute du prix du pétrole à un niveau qui ne supporterait pas les investissements, que deviendraient ces économies à pétrodollars ?

Pourquoi ces économies, malgré leurs richesses en pétrodollars, détenues depuis des décennies, ne sont-elles toujours pas capables de se lancer de façon significative dans le développement de l'industrie aéronautique ou spatiale, dans l'industrie navale, ou bien dans l'industrie nucléaire ? Ce qui leur manque réellement, c'est le développement des processus économiques basés sur la valorisation de la force de travail.

L'émergence doit se concevoir en développant sur le territoire les processus permettant de mettre en place des entreprises capables de créer des infrastructures et d'être des supports pour le développement.

Toute valeur donnée à de l'or ou à du pétrole en sous-sol, en dehors des coûts évalués en termes d'accumulation de travail contenu dans les stratégies de recherche et d'exploitation, constitue sur le territoire concerné un gonflement artificiel de la masse des valeurs d'échange. En d'autres termes, l'or, le pétrole, et toute ressource minière potentielle dans le sous-sol d'un territoire donné, ont économiquement une valeur nulle si aucune stratégie de prospection n'est encore lancée pour leur découverte. Cela ne met pas en cause l'existence d'une valeur d'utilité qui est cependant différente de la valeur économique. Cette valeur d'utilité ne peut être estimée et ne peut pas faire l'objet d'une évaluation économique. Elle ne peut pas être prise en compte pour fixer le prix d'échange. Elle provient d'une propriété qu'ont toutes les ressources naturelles à être utilisables ou transformables après au moins un travail dessus, ne serait-ce que pour l'extraction, le ramassage ou la cueillette. Cette valeur non économique n'est propre ni au pétrole, ni au diamant, ni au fer, ni aux autres matières sous les eaux ou sous la terre. C'est une richesse non économique qui provient des quatre « sources » que sont la terre, l'eau, le soleil et le vent. Cette valeur est certes une richesse, mais du point de vue économique, on ne peut pas estimer sa valeur ni l'intégrer dans l'évaluation des prix des biens. C'est une valeur complexe que le calcul économique n'est pas en mesure de quantifier.

L'économie commence à partir du travail. Un bien commence à être économique lorsqu'un premier travail est exercé sur sa matière première. Avant ce premier travail, sa valeur économique est nulle. L'échange économique entre les biens et les services ne doit porter que sur la quantité de travaux fournis, ou la « valeur travail ». Tout échange portant sur une valeur hors travail est source de déséquilibres économiques. Les théories développées par les économistes classiques et par Karl Marx sont connues, elles ne seront pas reprises ici. Nous voulons cependant en utiliser les contours pour justifier notre opinion par rapport à l'évaluation des valeurs économiques.

Sur la base de cette thèse, il faudrait donc distinguer la valeur travail des biens, qui doit justifier l'échange économique, de leur valeur originelle, qui n'est pas économique parce que non estimable et non échangeable. L'estimation économique ne doit être basée que sur la valeur travail.

En prenant l'exemple des gisements de pétrole et de gaz nouvellement découverts au Sénégal, le fait d'attribuer une quote-part de valeur à l'État du Sénégal sur la seule base de la position de ces gisements, sans aucune contrepartie en valeur travail fournie par les résidents sénégalais, constituerait un facteur favorable à l'inflation, un surcoût artificiel, une surestimation de valeur incorporée dans le prix des futurs produits, qui contribuerait à un déséquilibre économique. Cette attribution reviendrait à évaluer et à intégrer dans le calcul des coûts de production la fonction de la terre de contenir et de conserver les gisements de pétrole. Les seuls profits attribuables aux résidents sénégalais devraient être les prix de cession ou les droits d'exploitation des domaines concernés sur lesquels des résidents apportent un travail effectif de gestion, et les rémunérations de travail direct effectué par ces mêmes résidents sur ces projets.

Pour mieux comprendre cette théorie, nous pouvons prendre l'exemple d'un agriculteur étranger à qui l'on attribue des terres au Sénégal pour produire de l'arachide et qui fait des investissements sur le domaine acquis par bail ou par achat d'un titre. Supposons que pour l'exploitation, pour chaque tonne de semences d'arachides, le kilogramme est acheté à 200 francs, et il récolte 10 tonnes d'arachides. Il a un gain qui rémunère ses investissements, son travail, et celui de ses employés. Son chiffre d'affaires devrait être calculé en appliquant un prix de 200 francs sur le kilogramme récolté. Si cet agriculteur devait attribuer une quote-part de la valeur de ses récoltes à l'État, il supporterait des coûts qui ne reposent pas sur une valeur travail, mais sur une fonction de la terre à rendre possible la germination des graines d'arachide. Cette fonction produit une valeur qui ne doit pas être prise en compte dans l'évaluation du prix d'échange. L'agriculteur serait tenté de fixer le prix du kilogramme de son produit à une valeur supérieure à 200 francs pour couvrir les surcoûts engendrés. Ceci reviendrait à vouloir intégrer dans le prix de l'échange une valeur non échangeable et à créer par là une source potentielle d'inflation. Cette potentialité de la terre à offrir les conditions pour la transformation de la tonne d'intrants en 10 tonnes de produits n'est pas une valeur travail économique et ne peut pas constituer une source de renchérissement du prix du produit. Dans la mesure où la surévaluation des prix ne se justifie pas dans le cas de cet agriculteur, elle ne devrait pas non plus se justifier dans le cas d'un exploitant du domaine pétrolier.

Si l'équation est transposée, et si l'on doit estimer la valeur du pétrole extrait en tenant compte de l'utilité générée par une fonction source, ici, la fonction de la terre à générer une ressource transformable en énergie, et du fait que cette valeur doit être intégrée dans le prix d'échange du baril de pétrole, on devrait, de la même façon, faire une estimation de la potentialité de la terre à permettre la multiplication des produits agricoles et intégrer cette estimation dans le calcul du prix d'échange. Dans notre cas, les quotes-parts qui seraient attribuées à l'État du Sénégal seraient basées sur l'utilité de la fonction source. On devrait aussi attribuer des quotes-parts sur les quantités d'arachides rendues disponibles par l'agriculteur étranger, sur la base de l'utilité de cette même fonction source. C'est cette même fonction source de la terre qui permet aux arbres de pousser dans le sol, ou de pouvoir constituer une matière première pour le charbon, qui est une alternative à la production de l'énergie.

Un échange équitable voudrait que la valeur travail contenue dans un baril de pétrole s'échange contre la même valeur travail contenue dans la quantité d'arachides à céder pour obtenir ce baril de pétrole.

La science économique devrait ouvrir une fenêtre sur l'utilité des fonctions sources, faire des études sur leurs équivalences réciproques et une analyse sur leur neutralité par rapport à l'évaluation des valeurs économiques. Ce serait un prolongement de la théorie de l'échange inégal. Les experts économistes sont interpellés sur cette pensée.

Cette thèse montre comment les transactions sur le pétrole contribuent à créer un déséquilibre sur les échanges économiques et favorisent l'inflation. Donc, par la spéculation sur le pétrole basée sur la rareté de ce produit, on crée une situation pouvant encourager l'émergence de facteurs d'inflation monétaire. L'explication est que ces valeurs qui seront injectées dans l'économie, sans une création réelle de valeur travail, favorisent une création monétaire qui ne pourrait être équilibrée que par un gonflement artificiel des prix.

Pour deux centrales électriques (l'une diesel et l'autre à charbon) qui produisent les mêmes quantités d'électricité sur une période définie, si l'on pose l'hypothèse que les technologies ont des coûts d'investissement et d'entretien similaires, les coûts évalués en quantité de travail du diesel et du charbon nécessaire devraient être équivalents.

La rareté d'un bien ne doit pas être appréciée en fonction de sa disponibilité ou non, mais dans l'évaluation du travail nécessaire pour le rendre disponible.

Nous devons retenir que tout bien produit a deux valeurs : une valeur originelle non estimable et non quantifiable, qui n'a pas de prix comptable et qui ne doit pas faire l'objet d'échange économique, et une valeur travail échangeable, quantifiable, qui a un prix comptable.

Cette pensée est notre conception spirituelle de l'économie. Le point de départ de la réflexion est que les quatre « sources » sont inépuisables et les fonctions sources sont gratuites pour l'humanité. Le calcul économique ne doit pas tenir compte de leur valeur intrinsèque, mais seulement du travail accompli pour profiter de leur utilité. Les matières sont abondantes et ont des utilités alternatives. Leur utilité ou leur disponibilité est fonction des valeurs ajoutées de travail. La valeur originelle des biens ne doit pas être prise en compte dans l'évaluation des prix, sinon ce serait une façon d'intégrer la « facture » de Dieu dans nos valeurs d'échange, alors que cette « facture » ne serait pas libellée en unité de valeur économique. C'est une dimension spirituelle de la pensée de Karl Marx que nous cherchons à introduire ici, sans toutefois la développer. Le développement de cette pensée n'est pas l'objet de ce livre. Mais elle ouvre une piste de réflexion par rapport à l'étude des sources de déséquilibres macroéconomiques. Il faudrait aborder l'analyse de l'utilité originelle des biens dans le sens de leur gratuité et de leur disponibilité. La réflexion devrait notamment porter sur le rapport entre le bien économique et la satisfaction des sept besoins universels. L'analyse devrait aussi étudier le processus de déséquilibre continuel créé par les notions de profit et de perte, avec les négociations sur le prix réel du travail qui, en principe, devrait être standardisé sur le plan international. Par ailleurs, ce prix réel du travail devrait être la base de l'évaluation des apports matériels et financiers ainsi que des apports en force de travail pour l'entreprise.

L'analyse de la corrélation entre la production de biens et la production de services dans une économie donnée devrait aussi être approfondie, avec l'impact de la valeur travail ajoutée des entreprises de services sur le niveau des prix de certains biens.

De façon globale, la science économique devrait procéder à une étude sur la pertinence d'une différenciation des méthodes d'analyse et des concepts scientifiques par rapport à d'autres angles de vision et d'autres paramètres, relatifs notamment à la dimension religieuse et à la dimension culturelle de l'économie. Le développement de la finance islamique est un point de justification sur la nécessité de cette approche. Elle devrait pouvoir mener vers des concepts plus spécialisés tels que l'économie islamique par exemple, en se fondant sur cette différentiation à travers certains facteurs spécifiques selon que l'analyse prend en compte telle ou telle dimension pour poser ses hypothèses ou faire des jugements de valeur. Pour un exemple banal, on ne pourrait pas partir sur les mêmes hypothèses d'analyse pour étudier les effets de l'évolution du capital dans une économie classique et dans une économie où l'on prend en compte la conception islamique du capital. Dans la première, le placement du capital doit produire des intérêts qui peuvent faire l'objet de recapitalisation, alors que dans la deuxième, l'intérêt est illicite, le capital conservé pendant un an doit faire l'objet d'un prélèvement social appelé la *zakat*.

Une approche par la dimension spirituelle de l'analyse économique que nous avons évoquée devrait considérer comme postulat de base que l'économie tourne grâce à l'existence d'un acteur unique : le travailleur. Elle doit s'évaluer sur la base d'une seule valeur : le travail. Il constitue donc la première valeur en apport dans l'entreprise. Et cette entreprise naît dès l'initiative prise par un individu d'exercer un travail. Par exemple, lorsqu'une personne se lève et prend la décision de ramasser des pierres pour les entasser quelque part, une entreprise est née. L'entreprise est une entité où se joue la mise en valeur de la force de travail, en échange d'une contrepartie de la valeur travail apportée, ou communément appelée « valeur ajoutée ». C'est le lieu de l'exploitation de la valeur travail de façon directe ou de façon indirecte. La récupération de sa contrepartie devrait être évaluée en valeur travail, soit par un support matériel, soit par un support monétaire. En d'autres termes, l'unité d'évaluation de l'apport travail et de sa contrepartie devrait être une unité de valorisation de la quantité de travail effectuée, en tenant compte des paramètres relatifs à l'évaluation du niveau de compétence. C'est au niveau de l'entreprise que naissent les déséquilibres qu'il faudrait analyser à partir du choix opéré sur l'apport et la récupération de la valeur travail.

Le point de départ de l'analyse économique doit ainsi prendre en compte le déclenchement d'un processus primaire du choix économique, qui met en jeu quatre décisions fondamentales que sont le fait de se constituer en acteur économique, d'apporter une valeur ajoutée en travail, de mettre en œuvre l'entreprise, conçue de façon inconsciente comme support de valorisation de la force de travail, et d'escompter un résultat en contrepartie de l'échange de cette force de travail. À la fin du processus primaire, un choix est opéré sur la récupération du résultat, c'est l'affectation de ce résultat. Ce choix est un facteur déterminant dans l'établissement de la fonction globale d'affectation avec ses sous-fonctions que sont la consommation, la conservation, l'investissement et le gaspillage.

L'entreprise, définie de façon classique comme entité dans laquelle on met en jeu deux facteurs, le travail et le capital, est sous une autre approche le lieu du déroulement d'un processus secondaire de valorisation de la force de travail, plus organisé, qui intègre de façon partielle ou globale le résultat de processus antérieurs.

La force de travail étant donc le cerveau de l'économie, nous nous plairons d'emprunter à Freud son vocabulaire, avec les termes de processus primaire et secondaire utilisés dans ses études sur la psychanalyse, pour le transposer dans l'analyse de la création de valeur par cette force de travail. La valorisation de la force de travail est au début et à la fin de tout processus et en justifie les choix qui sont opérés à tous les niveaux.

Elle pourrait être scindée de façon analytique en ses deux composantes que sont le temps de travail et la compétence, qui interviennent pour revaloriser les résultats d'anciens processus réaffectés à la production. La compétence peut être assimilée, au même titre que la formation de capital technique, à un investissement dont la valeur s'apprécie dans le déroulement des processus économiques, avec une rémunération qui n'est pas forcément proportionnelle à la valorisation réelle de cette composante. À ce niveau, le concept d'apport en industrie utilisé par les juristes d'affaires pour définir le statut et les droits de certains types d'associés dans la constitution du capital social doit trouver une formule générale élargie à la force de travail dans l'entreprise pour équilibrer la répartition du gain économique entre propriétaires et travailleurs.

À l'inverse, la formation de capital technique, qui est aussi le résultat d'anciens processus, se consomme. Cependant, non seulement sa valeur financière est conservée au sein de l'entreprise par le mécanisme de provisions imputées aux résultats, mais le capital technique demeure aussi dans l'entreprise et procure un gain économique aux propriétaires d'entreprise. Ce qui peut être analysé comme source d'écart dans la distribution du revenu global.

Sur le plan macroéconomique, l'écart se creuse par le fait que l'utilisation du revenu rencontre par la suite une limite liée à la prise en compte dans l'évaluation du prix des biens et des services, d'une proportion de valeur de la formation brute de capital fixe. Le salaire des travailleurs est imputé d'une quote-part de valeur en pouvoir d'achat qui finance la conservation du capital des propriétaires. C'est du moins notre compréhension de la réflexion de Karl Marx sur le capitalisme et l'exploitation de la force de travail. C'est peut-être une compréhension influencée par la déformation intellectuelle de notre formation de comptable.

L'économie dépend donc fondamentalement de cette question du choix. Ce mot est au début et à la fin de tous les processus. En fait, tout dépend du choix, l'économie étant dans ce tout. L'humanité, la vie tout entière, se résume en une seule question : le choix. Le choix représente pour la vie ce qu'une clé représente pour une porte. Ceci était une parenthèse que je referme.

Par ailleurs, dans l'optique d'une évaluation de valeurs créées par le processus primaire, l'effort de travail des apprenants, élèves ou étudiants, ou tout agent économique en posture d'apprentissage, pour une années académique donnée, devrait être quantifié en heures de travail, valorisé et considéré par la comptabilité nationale comme une création pour soi-même de valeur par ces agents. Ainsi cette autocréation de valeur négociable dans le futur sur le marché du travail, à un prix qui sera déterminé par la loi de l'offre et de la demande, pourrait être prise comme une composante du PIB (Produit Intérieur Brut) et enregistrée dans l'agrégat formation brute de capital fixe, au même titre qu'un bien produit par une entreprise pour soi-même et destiné au crédit-bail sur le marché des capitaux.

La masse salariale annuelle des enseignants ainsi que tous les coûts induits par l'enseignement, payés par l'État et les autres agents économiques, devraient subir le même traitement. C'est notre opinion sur le capital humain.

Il n'y aura pas un processus tertiaire. L'économie, dans la globalité, se réalise à partir du processus primaire, du processus secondaire et des processus dérivés dont la fonction est de réguler le jumelage des deux processus principaux et de la fonction globale d'affectation. Les processus dérivés sont notamment le rôle de l'État et celui des institutions publiques et privées par rapport au fonctionnement de l'économie. La recherche de la satisfaction des besoins justifie le déclenchement des processus économiques. La consommation est une sortie, une libération de valeur par les processus économiques, une affectation de résultats. Sa limite tend vers un nombre constant. Elle est à différencier de la fonction de conservation et de la fonction de gaspillage économique. Cette dernière fonction évalue l'effet de la recherche de satisfaction des besoins non réels, c'est-à-dire des besoins fictifs.

On pourrait passer à un autre niveau de la pensée économique en prenant en compte ses dimensions religieuse et culturelle, autrement dit en intégrant les choix opérés en fonction des aspirations et des comportements religieux et culturels. Cette spécialisation conceptuelle permettrait aussi de mieux appréhender les choix économiques effectués en fonction des règles juridiques établies selon l'approche définie, avec une analyse qui porterait sur l'équilibre entre les droits et les obligations de son acteur unique, le travailleur. Par exemple, quelles seraient les bases de justification des choix opérés en intégrant un comportement qui respecte les préceptes du *Tassawuf* ?

L'analyse économique spécialisée permettrait d'avoir une meilleure appréciation des paramètres de mesure des grandeurs au niveau macroéconomique, en fonction de ses dimensions prises en compte. Les sources de déséquilibres pourraient être mieux appréhendées par cette approche multidimensionnelle de la pensée économique. Ces déséquilibres se solderont forcément quelque part au niveau de l'analyse par cette approche. On pourrait bien être amené à développer ainsi le concept d'économie équitable. Les économistes sont invités à réfléchir sur ces points.

Par ailleurs, les économistes qui travaillent sur les questions du sous-développement, particulièrement sur la pauvreté en Afrique, doivent accentuer leurs recherches sur les choix opérés pour la valorisation de la force de travail dans le déroulement des processus primaire et secondaire.

Pour revenir à la question relative à la création de valeur sans travail, qui grève a priori le prix des ressources comme l'or, les diamants ou le pétrole, nous faisons le constat que ces valeurs leur sont attribuées sans le déclenchement d'un processus économique. En d'autres termes, en dehors des coûts stratégiques susvisés, toute valeur attribuée à ces ressources non encore extraites constituerait un résultat artificiel d'une valeur travail qui est nulle. Ainsi, toute valeur monétaire créée sur la base de ces valeurs constituerait sur le territoire concerné un gonflement artificiel de la masse monétaire qui repose sur une valeur nulle. Ceci est donc à l'origine de la croissance artificielle des prix en général. C'est une piste de réflexion sur l'inflation. En consultant le site internet statistiques-mondiales.com[1], nous avons fait le constat que les pays d'Afrique qui font partie des producteurs de pétrole dans le monde ont aussi les taux d'inflation les moins maîtrisés sur le continent. Nous n'allons pas calculer une corrélation en statistique, mais la tendance de ces quelques données observées ne prend pas le contre-pied de notre réflexion.

---

1 http://archive.li/www.statistiques-mondiales.com

	Production de pétrole en milliers de barils / jour en 2011	Taux d'inflation en 2011
Algérie	2125	4,00%
Angola	1948	14,30%
Egypt	680	13,30%
Libye	1790	15,00%
Nigéria	2211	10,00%

Site : statistiques-mondiales.com

Par ailleurs, il faudrait se rendre compte qu'à l'évidence, les répercussions des coûts des valeurs en quote-part attribuées aux pays détenteurs de gisements de pétrole sur les prix des produits pétroliers à l'importation en Afrique produisent un effet de hausse généralisée des prix. Ces pays trouveraient donc un grand intérêt à développer en interne les processus permettant la transformation du pétrole brut avant son exportation.

Dans cet ordre d'idée, je considère que l'or du monde est surestimé dès son extraction par l'attribution d'une valeur non économique, c'est-à-dire non fondée sur la valorisation de la force de travail. Les économies qui en acquièrent des quantités énormes risquent d'injecter dans le circuit économique des valeurs qui favoriseraient l'inflation par le mécanisme d'un déséquilibre entre l'offre et la demande.

La propriété de l'or ne pourrait constituer une valeur économique cessible que si cet or est façonné par un artisan, et prêt à embellir le cou d'une femme, un lieu d'exposition d'art ou lieu de culte, mais non quand la matière or dort dans les sous-sols d'une banque.

Un jour, une personnalité nommée Birdman a publié son achat d'une chaise anglaise en or à 2 millions de dollars. Ceci a conforté notre position. L'or n'a pas de valeur économique propre, plus importante que la valeur économique des autres métaux. Sa valeur dépend donc du travail qui y est accompli et de la destination de ce travail, à savoir l'utilité que ce travail procure. Cette destination procède d'un processus de valorisation de la force de travail, ou bien de dévalorisation de la force de travail, comme dans le cas de cette *star*. Ce qui renvoie, pour ce dernier cas, à la fonction de gaspillage économique évoquée avant.

En quoi serait-il plus utile de faire ses besoins sur une chaise en or que sur celles fabriquées avec les matériaux classiques ? En quoi est-il plus important de se déplacer avec une voiture en or ? Peut-être qu'une signature avec un stylo en or donne plus de valeur à une lettre de change ?

En se fondant sur cette perception de la surestimation de l'or, par l'attribution d'une valeur non basée sur le travail, quelques questions sont à soulever à l'endroit des banques centrales qui, par le biais de l'émission monétaire, ont une mission de contrôle de l'inflation, ainsi qu'aux États qui en sont les actionnaires.

Historiquement, les banques émettrices de monnaie constituaient des réserves à partir des dépôts d'or en garantie des valeurs émises. Dans cette même logique de garantie de la monnaie émise, les banques centrales contemporaines se procurent de l'or dans le but de constituer des réserves de valeurs. En consultant les publications d'états financiers de plusieurs banques centrales sur leurs sites internet, leurs bilans font apparaître des avoirs en or, certainement à des coûts d'acquisition intégrant un prix non économique de cet or, un prix ne reposant pas sur une valeur travail effective, un prix artificiel répercuté par la faute des mécanismes du marché. Bien entendu, au-delà de ce prix artificiel, leurs coûts intègrent aussi le prix du travail inclus dans tout le processus de création de leur valeur ajoutée, depuis les stratégies de découverte jusqu'à leur acheminement dans les caveaux. Une réflexion profonde devrait être apportée à ce niveau. Dans la mesure où la surestimation de l'or pourrait avoir des répercussions sur la valeur de la masse monétaire émise, cette piste de l'or surévalué devrait être explorée dans le cadre de la recherche de mécanismes de maîtrise de l'inflation.

La première question est la suivante : ne serait-il pas opportun d'étudier l'annulation de la partie du coût représenté par le prix artificiel de l'or dans le bilan des banques centrales, ainsi que de ses contreparties monétaires dans l'économie ?

Ces lingots d'or pourraient, dans une certaine mesure, être utilisés comme du matériel fiduciaire, mais pas comme des valeurs intrinsèques en réserves dans le patrimoine d'une banque centrale.

Les coûts issus des processus économiques pourraient être passés en charge d'entretien de matériel fiduciaire. Si ces coûts sont énormes, on les passerait progressivement en amortissement de frais. Rien n'empêcherait, comme à l'origine, d'inscrire une valeur faciale sur ces lingots pour l'émission de la monnaie fiduciaire, par exemple l'émission d'un lingot de 10 milliards, utilisable dans certains types de transactions internationales.

Si toutes les banques centrales du monde sont concernées par ces avoirs en or dans leurs bilans, se pose alors la question de savoir si les banques centrales du monde entier ne devraient pas revoir en baisse l'actif de leur patrimoine ? Les banques centrales ne seraient-elles pas assises, en partie, sur une source de déséquilibre et d'inflation ?

Dans la poursuite de cette réflexion, nous serions d'avis que toutes les monnaies du monde soient libellées en « Unité Travail ». Cette réflexion repose sur l'idée que tous les ingénieurs du monde ayant le même niveau d'études et le même nombre d'années d'expérience devraient avoir le même pouvoir d'achat partout sur le globe. Ceci devrait en principe constituer le plus important défi, ou le fondement même de la globalisation du monde économique, mais nécessiterait des réflexions économiques profondes. Nous nous en ouvrons aux spécialistes des questions économiques et monétaires.

Chapitre II

Des stratégies économiques simples basées sur la motivation et la valorisation de la force de travail

Dans cette partie, nous allons tenter de développer deux outils fondamentaux de la stratégie de développement social que nous proposons de mettre en œuvre, ainsi que leur intégration dans les secteurs stratégiques.

Il s'agit en premier lieu d'un système d'incitation et de motivation des ressources humaines nationales que nous voulons nommer « A4 », et qui repose sur quatre concepts dont le but commun est de développer et de valoriser le facteur travail.

L'autre outil serait ce que nous appelons les « communes entreprenantes », qui devraient s'impliquer fortement pour l'insertion massive des jeunes chercheurs de travail dans le système productif.

Nous décrirons dans un deuxième point de ce chapitre comment ces deux outils devront être implantés de façon transversale dans les secteurs économiques.

1. LE SOCLE A4 ET LES COMMUNES ENTREPRENANTES

L'Afrique se doit de rattraper le monde par le travail, dans un modèle que nous nous proposons de formuler pour notre pays, en contribution à la réflexion que nous devons apporter sur les stratégies de sortie du cercle de la pauvreté. Ce modèle peut être développé à partir du principe évoqué dans notre introduction, qui repose totalement sur la recherche de moyens à mettre en œuvre en vue de créer dans l'économie nationale un énorme capital de ressources humaines qualifiées, compétentes et professionnelles, avec une culture de l'initiative et de l'entrepreneuriat, ainsi qu'un fort potentiel de développement de l'auto-emploi. Le moteur principal d'une relance de l'économie sénégalaise ne peut être qu'une résorption du chômage. Les stratégies à développer dans ce modèle dépendront essentiellement de l'action étatique. Aucun gouvernement ne peut prétendre s'attaquer réellement aux difficultés économiques d'un pays pauvre ou en voie de développement sans trouver les moyens de réduire considérablement ce chômage. La difficulté majeure pour les dirigeants de ces pays est la mise en place de conditions permettant de sortir du cercle vicieux du sous-emploi structurel qui étouffe la demande, et par conséquent, tous les autres leviers de l'économie, la demande étant limitée par une configuration socio-économique qui fait partager le pouvoir d'achat d'une personne disposant de revenus, entre 6 à 8 personnes en âge de travailler et parfois plus. La politique du modèle proposé dans cet ouvrage repose essentiellement sur ce pari de mettre en place un système qui élimine de façon structurelle ce gap croissant entre la demande et l'offre de travail. Elle sera soutenue par quatre concepts fondamentaux représentant les piliers qui vont s'implanter à l'intérieur d'un système interconnecté et qui constitueront les socles sur lesquels va s'adosser la croissance des secteurs clés de l'économie.

Ce modèle est conceptualisé ainsi par le modèle « A4 » et ses piliers seront les concepts ASSA, ATRAS, AFETU et AVETS. Nous allons les définir sommairement avant de les dérouler progressivement à travers l'implantation du modèle dans les secteurs de l'économie.

Le concept ASSA signifie « Administrations et Services Sans Arrêt ». Le mobile de ce concept est que la force de travail doit s'exercer en plein temps et en continu, de jour comme de nuit. Il y a bien des commerces et des services qui s'exercent de jour comme de nuit, mais l'idée est que ceci doit être généralisé et officialisé par les dispositions juridico-étatiques qui régissent le travail. Il doit devenir un concept généralisé dans toutes les administrations, aussi bien publiques que privées, dans tous les services, tous les commerces, toutes les industries.

ATRAS abrège les mots « Apprenants-Travailleurs-Salariés ». Ce concept repose sur un recrutement massif par les administrations publiques et privées de stagiaires ayant un début de qualification, soit par l'obtention de diplômes soit par une formation dans l'informel, mais qui n'ont pas encore une expérience professionnelle suffisante pour agir dans des structures mieux organisées. Leur travail doit être rémunéré, mais leurs revenus vont être basés sur ce qu'on pourrait appeler les « salaires d'apprentissage ». Ils vont bénéficier d'un système de valorisation de l'expérience.

Le concept AFETU est un système d'enseignement généralisé inclusif, un système éducatif sans frontières. Ses lettres traduisent « Apprentissage, Formation et Études Universels ». Il repose fortement sur un recyclage au niveau de toutes les couches sociales en mesure de recevoir un enseignement, allant des femmes dans les foyers aux paysans dans les champs, des apprentis métiers du secteur informel aux domestiques employés dans les maisons, des ouvriers des entreprises professionnelles aux acteurs et employés du secteur des transports, etc. L'Administration devrait organiser ce recyclage intellectuel en s'appuyant fondamentalement sur ses collectivités.

Il devrait être un système inclusif qui pourrait même intégrer certaines personnes proches de l'âge de la retraite et qui ont une forte expérience dans des métiers pratiqués pendant plus de 40 ans, mais de façon artisanale. Ce recyclage pourrait leur permettre de s'approprier des outils de canalisation et de transmission du savoir et du savoir-faire. De ce fait, leur expérience pourrait être transmise aux plus jeunes de façon plus aisée et plus efficace.

Par-là, nous voulons introduire deux formules qui devront aller de pair avec le concept AFETU :

- il faudrait mettre en place l'option d'un enseignement de base religieuse dans le système éducatif, en vulgarisant la méthode des *daaras* modernes dont la formule consiste à mettre l'enfant dans un processus de mémorisation du Coran sur une durée de 3 à 4 ans, ce qui permet à l'élève d'amplifier ses facultés intellectuelles et d'être capable, à partir de 11 ans, de faire, dans un cursus de 3 ans, le programme des six années de l'école primaire. Cette formule s'avère efficace et est pratiquée par beaucoup de ces *daaras*.

- il faudrait en même temps instaurer la formule d'un système d'enseignement sans échec (SESEC) qui constituerait une voie de déconnexion progressive du système hérité de la colonisation, dont les murs de l'entrée en Sixième et du baccalauréat n'ont fait que participer à la l'amplification du chômage dans nos pays.

Ces formules seront développées après dans les réformes profondes proposées pour l'éducation et l'enseignement.

Les AVETS signifient les « Associations vers l'Entreprise ». Elles sont des maquettes d'entreprises et constituent un système regroupant des gens qualifiés, capables de se lancer dans des initiatives privées. Ces associations devraient être initiées et pilotées par des groupes de professionnels qui ont été en activité dans diverses entreprises et qui monteraient des projets d'entreprises avec des systèmes d'actionnariat prédéfini ainsi que des projets de recrutement qu'ils proposeraient. Sur la base des business plans et des plans d'intérêts économiques et sociaux qu'elles vont établir, l'Administration devrait assurer éventuellement la promotion de leurs projets, en s'appuyant sur son système de facilitation fiscale et de garantie des sources de financement via les fonds créés pour cette cause tels que les FONGIP, etc.

Ainsi, ces 4 concepts peuvent être considérés comme des pôles sur lesquels l'Administration pourrait s'appuyer pour procéder à une « gestion macroéconomique des ressources humaines ». Le développement du capital humain étant un facteur clé des conditions de l'émergence économique, l'objectif principal de ces stratégies serait une qualification optimale du facteur travail et l'absorption de la force productive sur le marché du travail.

Cette promotion du capital humain ne pourra se faire de façon efficace que dans un système décentralisé.

Nous voulons introduire le concept des « communes entreprenantes » qui devrait servir d'outil de mise en œuvre de ces concepts. Ses fonctions seront aussi progressivement définies à travers notre maquette d'implantation des 4 pôles de promotion de la force de travail dans le secteur économique.

La stratégie globale de ce modèle est d'inculquer une capacité productive intrinsèque à la quasi-totalité de la « population à faculté d'activité », communément appelée « population en âge de travailler » ou « population active », comme nous l'avons appris dans les leçons d'économie. L'objectif général est de rendre les individus autonomes, capables de participer individuellement à la production. En d'autres termes, nous devons transformer cette stratégie en pari, un grand pari qu'il faudra gagner. Il s'agira de rendre potentiellement indépendante et totalement productive la population pouvant avoir une activité.

2. LES STRATÉGIES D'IMPLANTATION DE CES OUTILS DANS LES SECTEURS ÉCONOMIQUES

Il faudrait commencer par l'implantation de ces piliers pour former les socles qui devront soutenir la croissance des secteurs d'activités économiques. D'abord, en posant les pôles ATRAS et ASSA au niveau des administrations publiques et privées, les secteurs les plus névralgiques devraient a priori être visés dans leur mise en place, par exemple les secteurs clés que sont la Santé et l'Éducation.

L'interconnexion de ces deux pôles devra permettre une présence massive de demandeurs d'emploi inexpérimentés dans le monde du travail, en utilisant les plages horaires hors de la journée « normale » de travail. L'objectif vise une résorption importante du chômage.

Le concept d'ASSA (Administration et Services Sans Arrêt) soulève la question liée au temps de travail considéré comme conventionnel dans les administrations et services qui fonctionnent sur une journée de travail normale. Notre interrogation est la suivante : même si le temps de présence au travail est conventionnellement défini par les règles internationales, est-ce que cela oblige les services publics ou bien les guichets des banques à fermer leurs portes après les heures de travail du personnel qui a exercé de 8 h à 17 h ? Pourquoi un industriel qui ne pouvait pas quitter son poste de travail pendant cette plage horaire ne pourrait-il pas avoir l'occasion de se rendre dans les locaux des services d'un ministère à partir de 21 h pour demander un papier administratif, ou au niveau d'une banque pour monter un dossier de crédit ou demander l'ouverture d'un compte ? Ces services ne pourraient-ils pas donner l'option à un superviseur expérimenté de travailler de 18 h à 1 h du matin pour encadrer des apprenants qui s'exerceraient la nuit pour accueillir des demandeurs de services, moyennant une rémunération d'apprentissage ? Est-ce qu'une analyse de coût d'opportunité ne devrait pas être faite dans ce sens ? Pourquoi un commercial d'une grande surface ne pourrait pas avoir l'option de travailler de 16 h à 1 h du matin, avoir la possibilité de passer à la mairie à cette heure pour faire établir un extrait d'acte de naissance, qui lui serait servi par un apprenant, ensuite de trouver un restaurant pour acheter son repas à 2 h du matin, trouver un transport qui fonctionne à cette heure pour rentrer chez lui ? La réponse est que, de la même manière qu'une radio ou qu'une chaîne de télévision émet ses émissions sans arrêt, qu'un hôpital ou que les services de l'aéroport fonctionnent de jour comme de nuit, de la même manière qu'une entreprise chinoise de bâtiment continue d'œuvrer pendant la nuit sur un projet en construction, les services de la Poste devraient pouvoir continuer de jour comme de nuit à recevoir des envois ou à exécuter les transactions de leur clientèle.

À Dakar, à partir de 16 heures, les travailleurs et les véhicules se bousculent dans les embouteillages pour rentrer. Une part correspondant à 80 % de l'économie s'arrête pour ne reprendre que 15 heures plus tard. La plupart des travailleurs se retrouvent dans les maisons et consomment alors une énergie non productive, pendant plus des trois quarts du temps d'une journée. 80 % de notre économie somnole pendant ce temps. Nous qui sommes les maîtres d'ouvrage, nous qui devons construire notre nation, nous choisissons d'aller dormir pour laisser ces entreprises étrangères avancer. Il est temps de se lever pour avancer. Ceci est une fenêtre ouverte sur l'emploi des jeunes. En économiste simple, nous opposons à la contrainte du coût des charges salariales supplémentaires les opportunités de revenus supplémentaires créés, par conséquent, l'opportunité de la croissance de la demande.

La mise en œuvre de ce concept doit prendre son départ avec une fonction publique à double flux, surtout au niveau des services rendant des prestations directes aux populations. Il doit s'inspirer d'un système proposé dans les années 1980 pour trouver des solutions aux problèmes du système éducatif de l'époque, avec les classes à double flux. L'objectif sera d'assurer l'insertion de milliers de jeunes diplômés dans le milieu du travail en commençant par la fonction publique. Les heures d'ouverture dans l'Administration devraient au moins doubler en passant de 8 h à 16 h par jour pour certains postes. Un système de choix des horaires de travail pourrait être mis en œuvre avec des préférences pour les titulaires de postes qui sont expérimentés. L'innovation sera un fonctionnement de l'Administration avec des équipes qui vont tourner. Sans doute y aura-t-il des fonctions stratégiques qui ne pourront pas tourner, mais ce sont en général des postes à haute responsabilité. À part l'amélioration considérable en termes de satisfaction que cette stratégie pourrait apporter au public, elle engendrerait des effets dérivés aux conséquences économiques énormes. Avant d'analyser ces conséquences, nous allons poser d'abord les leviers sur lesquels s'appuierait cette réforme. Le démarrage de ce premier moteur nécessiterait forcément une réforme budgétaire pour pouvoir procurer des revenus aux vagues de recrutement de stagiaires. Il faudrait tout d'abord une compression budgétaire au niveau de certains postes n'ayant pas un caractère urgent ou prioritaire.

Au niveau de la Santé, ce système en continu s'impose compte tenu de la spécificité de ce service, seulement, il faudra accentuer le recrutement des jeunes médecins et du personnel de santé, en ayant comme objectif de donner à ces chercheurs de travail l'opportunité d'acquérir une expérience pouvant leur permettre de se lancer dans l'initiative privée. Il faut se rappeler que la stratégie globale est de rendre potentiellement et indépendamment productifs 100 % de la population à faculté d'activité. Nous allons beaucoup le rappeler, c'est le fondement de la maquette que nous proposons qui s'appuie sur une stratégie d'un développement exponentiel des ressources humaines.

Pour le recrutement en masse de personnel complémentaire ou supplémentaire, on pourrait jouer sur le niveau des rémunérations à proposer. Il faudrait adopter le modèle de recrutement des cabinets de consultance ou d'expertise qui, lors des premières années d'expérience, ne proposent que des montants qui servent uniquement à gérer le transport et la restauration, en prenant en considération l'expérience qu'ils donnent au candidat ou à l'employé et qui le rend potentiellement productif. Ceci constitue un intéressement aux stagiaires, une sorte de rémunération en nature, une opportunité de formation, une valeur qui pourra plus tard se vendre sur le marché du travail. En effet, il faudrait une orientation progressive sur les modèles de création d'emplois basés sur l'expérience et une démystification progressive du culte du diplôme.

Les initiatives prises dans ce sens par le promoteur du groupe de presse Walfadjri sont bien à saluer. Cette entreprise n'a-t-elle pas formé les plus grands journalistes de ce pays, qui aujourd'hui font valoir ailleurs leur grande expérience, constituant une valeur travail acquise ?

Nous profitons de cette parenthèse d'exemple d'engagement au profit de la nation pour rendre hommage à ce chef d'entreprise du nom de Sidy Lamine Niass. À bien des égards, il mérite les honneurs de la nation, lui qui avait consenti d'énormes sacrifices pour diffuser par les réseaux satellitaires les vraies images du Sénégal qui ont fini par conscientiser le peuple, pendant que la télévision du gouvernement, qui avait le monopole de l'information, avait braqué l'objectif de ses caméras sur le palais de l'avenue Room. Les journalistes hautement qualifiés formés dans sa maison sont aujourd'hui aux commandes des maisons de presse les plus prestigieuses. Pourtant, le générique de Walf retentira toujours comme l'hymne d'un 19 mars 2000 historique que le peuple sénégalais n'est pas près d'oublier. Rendons à César ce qui appartient à César.

Dans cet ordre d'idées, il faut faire le constat que le Sénégal a un potentiel énorme à exploiter par ce modèle basé sur cette stratégie de valorisation du savoir-faire, en s'appuyant sur l'expérience de milliers de jeunes qui pratiquent des métiers dans des entreprises diverses, dans les profondeurs des communes et des quartiers, de la menuiserie à la mécanique, de la maçonnerie à l'électricité ou à la plomberie, du froid à l'électronique, de la peinture à la teinture, sans oublier le travail des femmes de ménage avec les métiers qui peuvent être dérivés de leur expérience dans les foyers, allant de la restauration aux métiers ayant trait à la gestion de surfaces. Ce potentiel est constitué par la population que l'on appelle communément « apprentis » et « *mbindaan* » (mots signifiant respectivement « apprenant de métier » et « femmes de ménage ») et qui est une mer de savoir-faire à organiser et à transformer économiquement en une puissance réelle de créativité et d'entrepreneuriat, une richesse sur laquelle doivent se baser les jalons d'un développement de capital humain gigantesque pour amorcer le décollage. Nous développerons cette proposition progressivement dans la description des volets du modèle A4.

Pour revenir sur le recrutement des masses de chercheurs d'emploi non expérimentés, il faut préciser que le rôle de l'État ne sera pas une absorption à l'infini des non-travailleurs, mais que la propulsion de ce modèle doit être l'initiative publique par la mise en œuvre d'une stratégie d'intéressement des acteurs du privé.

En prenant comme exemple le secteur de la santé, l'État pourrait non seulement améliorer la satisfaction des besoins en personnel dans les grandes structures sanitaires dans toutes les localités où la couverture n'a pas atteint un niveau souhaitable, en appliquant ce qu'on pourrait appeler les systèmes des « salaires d'apprentissage » ou « bourses d'apprentissage », qu'importe le nom. Ceci n'aurait pas d'impact budgétaire insoutenable. L'Administration favoriserait ce système par ses méthodes de réduction d'impôts et de subventions. Les experts en budget devront affiner les stratégies financières devant accompagner ce programme. Cette initiative publique devrait être accompagnée par une promotion des structures sanitaires privées gérées par des spécialistes, avec une répartition bien étudiée dans les communes en fonction des besoins, sur tout le territoire national, et qui s'engageraient à aider l'État dans le renforcement des opportunités d'offre d'expérience pour les jeunes diplômés en leur proposant des bourses d'apprentissage.

Ce concept reposerait sur un système d'entraide formalisé. Il est aussi en phase avec nos formes traditionnelles d'aides mutualisées pratiquées au Sénégal, surtout par certaines ethnies, plus particulièrement les Hall-Poular et les Soninkés. Il consiste à faire aider les jeunes en position de demandeurs par leurs aînés, qui sont plus nantis. Il faudrait tout juste mettre en œuvre ce proverbe wolof qui traduit « apprendre à une personne comment pratiquer la pêche vaut mieux que lui offrir des poissons ». Ceci est un modèle de notre culture qu'il faudrait institutionnaliser.

L'idée de façon générale est de se dire que 1 000 emplois rémunérés à 50 000 f font mieux tourner le moteur de l'économie que 100 emplois rémunérés à 500 000 f. Du point de vue d'une analyse simplifiée, toutes choses étant par ailleurs égales, ces 1 000 emplois vont générer 1 000 demandeurs de services de restauration et 1 000 demandeurs de services de transport, c'est-à-dire un volume de demandes impossible avec les 100 emplois se partageant la même masse de revenus. Il n'est pas évident qu'un même montant de revenu global distribué à 100 travailleurs puisse créer autant en dépenses de service de restauration et de transport que la même masse distribuée à 1 000 travailleurs. Ceci peut justifier comment une mauvaise distribution de la masse salariale crée une épargne étouffante, que l'on peut qualifier d'inopportune compte tenu de la non-satisfaction globale des besoins primaires au niveau du circuit économique, mais c'est aussi une épargne générée dans des systèmes financiers généralement non inclusifs, qui ne prennent pas en charge considérablement le besoin de financement des populations en situation de chômage.

Ces piliers devraient se transposer de la façon la plus transversale possible dans tous les autres secteurs de l'économie, en particulier dans le secteur de l'enseignement. La transversalité d'un tel système basé sur la distribution de salaires d'apprentissage, avec comme objectif l'implantation de notre stratégie de base, qu'il ne faut pas perdre en repère, favorisera l'emploi et la demande, qui sont des facteurs clés de l'augmentation progressive de la puissance du moteur économique. Dans ce cadre, l'Administration jouera aussi un rôle propulseur en procédant à un recrutement massif d'enseignants non expérimentés dans le système éducatif, à tous les niveaux de l'enseignement, du primaire à celui universitaire. Bien entendu, une attention particulière devra être portée sur la supervision de ces jeunes pratiquants pour éviter un impact négatif sur la qualité de l'enseignement.

Les piliers du système devraient être implantés en même temps à travers des programmes « packages », pour avoir l'efficacité escomptée dans la poursuite de l'objectif de départ. Il faudrait non seulement s'appuyer sur les piliers ASSA et ATRAS dans ces secteurs, en utilisant les plages horaires creuses, afin d'absorber la masse des demandeurs de travail dans le milieu professionnel, mais il faudrait surtout mettre en œuvre le concept AFETU introduit précédemment. Pour rappel, ces lettres abrègent « Apprentissage, Formation et Études Universels ». Son rôle sera un recyclage quasi total de la force de travail dans l'économie, et son domaine de prédilection sera le secteur de l'enseignement. Notre vision est que tous les apprentis des métiers pratiqués de façon artisanale (mécanicien, menuisier, tôlier, peintre, maçon, etc.) doivent retourner à l'école et être pris en charge par le système de l'enseignement selon leur niveau scolaire. Tous les apprentis, chauffeurs de cars rapides, taxis, etc., du secteur du transport devraient retourner à l'école. Toutes les *mbindaan* à Dakar et dans les autres villes devraient retourner à l'école, et ceci sans délaissement des tâches qu'elles exercent. Tous les paysans et paysannes du Sénégal devraient retourner à l'école tout en restant paysans, mais avec comme perspectives de devenir de grands agriculteurs modernes ou des chefs d'entreprises agricoles. Tous les « *bana-bana* », vendeurs ambulants dans les lieux de marchés, devraient retourner à l'école, tous les « *baol-baol* », commerçants ou chefs d'entreprises informelles, ainsi que tous les députés qui ne savent pas lire, doivent retourner à l'école. Tout le monde n'ayant pas un niveau *bachelor* (bac + 2), qui ont quitté l'éducation pour un motif ou un autre, devraient y retourner, parce que tout d'abord, l'éducation est un vecteur clé du comportement humain, et qu'ensuite, le développement économique est avant tout une question de comportement. Tous les batteurs de tam-tam et les chanteurs qui ne savent ni lire ni écrire sont invités à suivre l'exemple de Youssou Ndour. Ayez le courage de retourner sur les bancs, car la culture n'est pas une simple affaire de belle voix ou de talent inné, c'est une affaire de tête bien pleine, et vous devez porter la nôtre très haut ! Vous devez retourner à l'école ! Pourquoi ? Parce que vous devez pouvoir prendre des images et des sons de vos œuvres, les mettre sur la toile, ou les envoyer au bout du monde par les technologies modernes avec des textes explicatifs sur les gammes, les notes, etc. Cela est devenu maintenant une banalité, une chose terre à terre. Si vous laissez quelqu'un le faire à votre place, on peut vous exploiter. C'est le monde qui bouge et qui se métamorphose.

La sphère des humains est devenue comme un ascenseur extérieur, avec un plateau sans caisse ni contours, propulsé par des vérins du savoir et dans lequel les non-initiés sont des dormeurs aux yeux ouverts, qui risquent d'être poussés sur les bords. Mesurez-vous le risque ? Il faudrait que tous les footballeurs et basketteurs qui n'ont pas un niveau bac +2 retournent à l'école, parce que le sport est devenu aujourd'hui une affaire de têtes bien faites et non une simple affaire de muscles solides.

Revenons au concept AFETU. Les administrations chargées de l'enseignement et de la formation doivent le prendre comme piste de réflexion pour les solutions à prôner dans ce domaine. Imaginons la force créative que produirait un programme de recyclage de ces populations de jeunes apprentis, un programme qui les initierait à la capacité d'adaptation aux connaissances modernes, qui les canaliserait vers des formations professionnelles approfondies de leurs différents métiers, qui valoriserait l'expérience qu'ils ont déjà acquise par la pratique, avec le savoir-faire qui est déjà un atout pour eux, qui les mènerait à l'ingénierie et à la gestion d'entreprises. Imaginons cette masse de connaissances capables de tenir et de développer des entreprises dans le domaine de l'industrie automobile par exemple, dans les domaines de la mécanique, de la sidérurgie, de l'électronique, de la menuiserie, etc. Il s'agit réellement d'une stratégie axée sur le développement des capacités intellectuelles et la promotion de ressources humaines de qualité, prête à déclencher et à soutenir un processus de croissance exponentielle.

A priori, la question du financement de ce plan, qui semble utopique, pourrait se poser. D'abord, il ne faudrait pas perdre de vue que le concept ASSA repose sur un système de rémunération d'apprentissage. La masse salariale des recrutés pour les enseignants du soir pourrait être supportable par les budgets des administrations. ASSA ne nécessite pas d'investissements supplémentaires. Ce sont les mêmes cadres et les mêmes aménagements qui vont servir de support pour l'organisation des enseignements nocturnes. Ceci constituerait un rendement supplémentaire même sur les investissements qui sont déjà réalisés. Dans le cadre de l'aménagement budgétaire, si nécessaire même, un impôt viendrait supporter les dépenses supplémentaires sur le budget des ministères qui auront en charge la gestion de ces programmes, un impôt qui serait une sorte de participation à la promotion du savoir ou de l'enseignement pour tous, qui devrait être payé par les cadres des entreprises publiques et privées. Cet impôt pourrait être accompagné d'une taxation souple sur les services, collectée ou à payer par les entreprises des métiers artisanaux précités et versée à l'État sous forme de participation à la promotion de la formation professionnelle. Peu importe le nom attribué à ces concours, les spécialistes du budget pourront étudier les mécanismes par lesquels ces prélèvements seraient effectués sur les revenus des cadres de façon graduelle, en veillant à ce que les revenus faibles ne soient pas concernés par ces prélèvements.

Les concepts ATRAS et AFETU auront leur importance forcément dans l'implantation du socle A4. Dans un secteur comme l'enseignement, la démarche consisterait à recruter les apprenants des écoles de formation pédagogique pour assurer les enseignements de la formule AFETU. L'idée est qu'ils commencent à s'exercer à plus de pratique de leur métier d'enseignant, de professeur ou de formateur tout en étant en formation. Et le pilier AFETU pourra s'implanter de façon plus aisée avec leur niveau intellectuel. Leur recrutement dans ce système, parallèlement à leur formation, et les revenus qu'ils vont percevoir, vont aussi constituer une source de demande supplémentaire qui absorbe l'offre de production, mais aussi libérera un pouvoir d'achat sur les personnes qui les avaient pris en charge pour leurs besoins primaires et par conséquent, une source d'épargne à canaliser dans les circuits financiers.

Le 4e pilier du socle A4, appelé AVETS, peut être étudié de façon plus aisée à travers ce système de recyclage des personnes dans les corps de métiers cités. Les AVETS seraient des regroupements d'hommes et de femmes avec des compétences diverses, qui auraient en commun un projet d'entreprise. Les initiateurs de ces regroupements seraient des professionnels ayant capitalisé une expérience par rapport au domaine de leur projet. Ils pourraient être des investisseurs nationaux ou étrangers, ils pourraient être des professionnels du secteur public qui voudraient se lancer dans l'initiative privée ou des entrepreneurs du secteur privé ou qui souhaiteraient élargir leurs activités dans divers domaines. Les projets qu'ils monteront serviront de réceptacles pour la force de travail générée par l'implantation des autres piliers du système A4. Dans ces AVETS, des projets de contrat vont se ficeler entre futurs copropriétaires, et aussi entre futurs employeurs et employés qui sont déjà en activité et dont les projets sont en attente de démarrage. Ces AVETS pourraient être constituées en associations de fait, car elles seraient des entités qui devraient disparaître avec la confirmation des projets qu'elles portent. Mais elles devraient être réglementées par l'Administration pour faire respecter au maximum les engagements pris par les participants. Les recrutements de masse qui seraient initiés par l'Administration dans les différents secteurs pourront aussi transiter par celles-ci pour une migration progressive vers le secteur privé. Leur objectif serait la récupération de la force de travail qualifiée, générée par le système A4. Elles aideraient à décongestionner l'Administration et les entreprises privées des vagues de recrutements primitifs à travers les ASSA et ATRAS, et leur permettraient d'être à nouveau les réceptacles d'autres demandeurs d'emploi inexpérimentés. AFETU aura aussi permis la valorisation du savoir-faire qui se déversera dans les AVETS. Des partenariats se noueraient au sein des socles A4 implantés dans tous les secteurs d'activité de l'économie et constitueraient les moteurs qui vont propulser la croissance par une force productive qui s'améliore de façon progressive.

Les fonds de garantie mis en place par le système actuel pourraient trouver un domaine beaucoup plus élargi de leur activité à travers la mise en place des A4. Successivement, les autres grandeurs économiques vont forcément suivre le bond en avant de cette force de travail grandissante, notamment la demande et les autres indicateurs de l'économie. Ainsi se dessine un cercle vertueux de croissance basé sur une potentielle force de travail, constituée par la population à faculté d'activité qui aura été rendue indépendamment et totalement productive.

Ces socles de l'émergence, cette émergence que nous désirons tant, il faut que nous les mettions en place. Il faudra que nous passions rapidement à un « Acte 4 » pour la décentralisation. Ce n'est pas avec des politiques de promesses intenables que nous y parviendrons, mais c'est avec un engagement ferme à faire avancer la nation.

Oui, nous nous précipitons vers un acte 4. Nous prenons de l'avance, cependant, sans prétendre porter un jugement sur le fondement des décisions des pouvoirs par rapport au fonctionnement des administrations locales. Nous ne sommes pas assez outillé dans ce domaine pour le faire, mais voulons juste qu'une piste de réflexion soit ouverte sur le rôle économique de ces administrations, qui sont plus proches des populations, dans un système de libéralisme soutenu. Il faudrait introduire un concept que nous appellerions « communes entreprenantes ». Il est nécessaire de préciser que les appellations proposées importent peu, c'est davantage sur les idées dégagées et sur le contenu de ces concepts que ceux qui aspirent à la confiance du peuple sont interpellés. L'implication des communes dans la mise en place des socles A4 pourrait constituer un facteur clé d'efficacité de la stratégie proposée. Schématiquement, si l'on imagine que l'administration centrale représente la grue qui doit soulever ces socles pour les poser dans les secteurs à construire, les chaînes qui les attacheront à cette grue seraient les communes entreprenantes. Quand bien même l'administration générale ne devrait intervenir que de façon stratégique dans le système productif comme propulseur de l'activité économique, elle pourrait néanmoins s'adosser aux collectivités locales. Les communes entreprenantes ne se limiteraient plus aux simples tâches administratives d'exécution de budgets ou de collecte des recettes, mais elles devraient participer à la mise en place d'un environnement économique favorable à la création d'emploi et à l'insertion des jeunes demandeurs d'emploi, en participant de façon directe ou indirecte à la promotion d'entreprises pour le développement de l'activité économique. Elles devraient jouer sur leur proximité avec les populations pour entreprendre des études sur les compétences et les potentialités des jeunes sans emploi ou en emploi précaire, pour pouvoir les orienter vers des projets structurés. L'administration générale élaborerait les règles de fonctionnement et les conditions dans lesquelles les communes pourraient faire exploiter des entreprises au profit des populations. Elle ferait analyser et adopterait leurs modes de création et de financement ainsi que leurs conditions de restructuration en faveur des travailleurs, qui s'activeraient dans ces entreprises. Ces communes devraient analyser toutes les opportunités qu'offrent leurs localités et mettraient en place les conditions appropriées pour l'intéressement des jeunes sans emploi. Le principe pourrait être la prise de participation communale afin de constituer des entreprises comme réceptacles des demandeurs d'emploi dans des domaines qui seraient bien définis, avec comme objectif, dans le futur, de se désengager au profit des travailleurs de ces entreprises naissantes. Un autre principe de la démarche serait celui de faire bénéficier les communes entreprenantes, totalement ou quasi totalement, des retombées fiscales de ces entreprises communales.

Sur la base de ces deux principes, les communes entreprenantes pourraient jouer un rôle plus efficace dans l'implantation des A4 par la mise en place de cadres propices à la création d'emplois, à la génération de revenus et à la résorption du chômage. Ces cadres permettraient une mise en œuvre plus aisée des concepts ASSA et ATRAS par le recrutement de jeunes en recherche d'expérience professionnelle, en se basant sur les opportunités de projets d'affaires que les communes entreprenantes étudieraient et mettraient en œuvre en proposant les salaires d'apprentissage. Ceci se ferait grâce à leur proximité avec les demandeurs d'emplois, ce qui leur permettrait de mieux se saisir de leurs profils, de leurs domaines de compétences et des idées sur les projets qu'ils pourraient promouvoir, dans un cadre d'échange avec les populations cibles. Les communes entreprenantes s'appuieraient aussi sur leur proximité avec les infrastructures existantes dans le domaine de l'enseignement, qui serviraient de support pour l'organisation et la mise en œuvre du concept AFETU en rapport avec les ministères en charge de l'Éducation et de la Formation. Elles canaliseront les expériences capitalisées pour les orienter de façon plus efficace vers les AVETS.

CHAPITRE III

DES CHANGEMENTS PROFONDS DANS LES SECTEURS PILIERS DE L'ÉCONOMIE

Ce chapitre déroule, pour les secteurs clés de l'économie, les effets qui devraient être escomptés sur le plan social, des stratégies de croissance et de développement proposées sur la base de l'implantation des socles A4 et des communes entreprenantes. Il développe parallèlement quelques concepts dans lesquels sont proposés des cadres d'intégration sociale pouvant constituer des supports de mise en application des stratégies qui sont décrites avant.

1. LE SECTEUR AGRICOLE, LES CAMPEMENTS DU PROGRÈS

Nous allons démarrer par le secteur agricole. Pour promouvoir l'émergence dans le domaine agricole, il faudrait d'abord un programme environnemental sur l'étendue du territoire. Ce programme commencera par une campagne nationale de reboisement, dont l'objectif serait la plantation d'un milliard d'arbres par an sur les cinq années à venir. Chaque Sénégalais devra s'impliquer dans ce programme « patriote-environnement » en plantant ou en faisant planter 66 arbres sur l'année, ou 313 espèces par habitant sur les cinq années. Chers écologistes, avec l'accord de l'Autorité, nous comptons sur vous pour la réalisation de ce programme. Ce serait l'opportunité d'un marché potentiel pour les horticulteurs, et un acte patriotique qui pourrait constituer un atout pour l'environnement et l'exploitation agricole.

L'Afrique doit devenir le grenier du monde, et nous ne devons pas rester en arrière sur cette voie. Au Sénégal, nous devons atteindre un potentiel de 7 millions d'agriculteurs d'ici 2020, qui seront propriétaires ou employés, cultivateurs, éleveurs, etc., utilisant les techniques modernes dans de grandes entreprises agricoles. Ce secteur agricole doit pouvoir absorber plus de 70 % de la population en situation de chômage. L'encadrement des activités agricoles devrait poser comme défi le développement des stratégies qui permettront d'avoir 12 mois d'activité. Il nous faut lancer les CAPA (les « Campements pour le Progrès Agricole »). Ils auront pour but de constituer des embryons de nouveaux pôles de développement agricole. L'objectif de cette stratégie est de concevoir des espaces où vont s'implanter de puissants villages économiques modernes, dotés d'infrastructures, qui verront naître des entreprises agricoles, mais aussi de petites industries de transformation à proximité de ces entreprises.

Rappelons qu'il n'y a pas de terres plus riches, mais seulement des terres mieux occupées. Le programme des DAC (Domaines agricoles communautaires) au Sénégal est une vision stratégique bonne dans la conception. Mais pour concevoir un programme beaucoup plus complet par rapport aux objectifs d'absorption de la jeunesse au chômage, son renforcement par un système à l'image de ces CAPA pourrait constituer un instrument d'efficacité dans l'implantation de ce type de projet. Toute stratégie dont la mise en œuvre ne s'adosserait pas sur une forte implication des administrateurs par un pilotage sur le terrain, risque de manquer d'efficacité. On ne pourrait faire croire à la jeunesse qu'elle doit retourner travailler la terre en faisant campagne en costume cravate, dans des Mercedes et des 4x4 payés avec l'argent des contribuables.

Ces CAPA devraient être non seulement des centres de développement économique, mais ils devraient aussi constituer de véritables temples de diffusion du savoir. Tous ces marchands ambulants dans les quartiers surpeuplés dakarois, qui sont chassés par les communes de part et d'autre, doivent retourner dans les champs le matin et à l'école le soir. On doit en même temps procéder à une reconversion des travailleurs des petits métiers, comme les assistants-informaticiens, les aides-comptables, etc., recrutés dans les administrations pour exécuter des tâches sans valeur ajoutée conséquente, pour un déversement massif dans le secteur agricole. Aujourd'hui, la technologie est tellement avancée dans le domaine du développement des logiciels, qu'il suffit de comprendre le français ou l'anglais pour être en mesure de produire une comptabilité d'entreprise. Ceux qui exercent ces métiers, qui sont plus des outils de travail, doivent chercher à devenir des ingénieurs ou des experts dans ces domaines pour aspirer en devenir des concepteurs et dirigeants d'entreprises. À la limite, il faudrait laisser ces tâches d'exécution aux jeunes femmes chercheuses de travail. Il faudrait par conséquent donner la priorité aux femmes pour le recrutement de ces types de tâches. Et les hommes vont retourner constituer un renfort de la force productive dans le secteur agricole, qui est le gage pour le décollage économique. Ceci ouvrirait des capacités de recrutement pour la gent féminine et de lutte contre le chômage.

Le pilier AFETU devrait permettre un recyclage total de tous les acteurs qui s'activent dans le domaine agricole et qui n'ont pas reçu de formation de base. Les ingénieurs agronomes devraient pouvoir travailler avec les ministères en charge de l'Éducation et de la Formation pour conceptualiser un format de recyclage qui tiendrait compte des besoins en alphabétisation ainsi que des besoins en capacité d'organisation et de modernisation des métiers de ce secteur.

Dans le cadre de la mise en place du socle A4, les communes entreprenantes devront aider à la création des start-up agricoles qui serviront de réceptacles des jeunes agriculteurs dans les zones rurales. Elles élaboreront aussi des protocoles avec les administrateurs des communes dans les zones citadines, allant dans l'exploitation des terres dont ils disposent, par des prises de participation dans les entreprises supports ou autres formes d'intéressements. Ces entreprises supports serviront de cadre d'apprentissage pour les jeunes non initiés dans le domaine agricole, mais aussi de valorisation du savoir-faire des jeunes paysans. Elles devront être assistées par les ingénieurs agricoles.

Les protocoles entre les communes devront en même temps gérer les conditions de création et de suivi des AVETS qui seront créées entre les ingénieurs agricoles et leurs futurs employés agriculteurs, ainsi que les conditions de restructuration des entreprises supports dans lesquelles elles ont des participations, en vue de leur transfert progressif vers la propriété des agriculteurs, par le biais de la restructuration de ces AVETS en entreprises. Ces partenariats constitueront les outils qui devront servir à la compression de l'exode rural et joueront un rôle important dans le retour des jeunes vers l'agriculture, le REVA.

L'État devra préparer les domaines à mettre à la disposition de ces communes. Ces communes devront mettre en œuvre les « Campements pour le progrès agricole » en se basant sur le modèle de *khelcom*[2]. Elles devront initier et élargir ce projet en s'appuyant sur les

---

2 Exploitation agricole initiée par le marabout Serigne Saliou Mbacké.

principes de fonctionnement, en empruntant les formules et contours sur l'éducation qui ont été établis par ce modèle à travers ses *daaras*, pour la formation et la prise en charge des apprenants. Évidemment, l'objet ne pourrait pas être le même que *khelcom*, qui a un but plus spirituel qu'économique, mais le principe des campements pourrait être inspiré de ce modèle de dévouement pour développer des projets d'insertion des jeunes dans le secteur agricole. Le cheikh AS'SAALIH[3] n'avait-il pas tracé la voie et montré le chemin ?

Les CAPA seront donc des projets d'entreprises agricoles dotés de vastes terres, qui auront comme objectif primaire le travail de ces terres, mais aussi et surtout des objectifs secondaires de développement de toute sorte d'activités économiques, basées d'abord sur l'agriculture et l'élevage, et tendant vers l'industrialisation et le développement d'autres activités pouvant aboutir à la création de centres de commercialisation. Ils seront des centres de création d'emplois qui devront être soutenus par de fortes organisations de gestion des ressources humaines pour l'intéressement des apprenants travailleurs, avec les salaires d'apprentissage, mais aussi pour la promotion de compétences et la gestion des carrières à travers les ASSA, l'AFETU et les AVETS. Les CAPA pourraient aussi être formalisés comme des sociétés mères qui développeraient des projets d'entreprises filiales. Ils seront les bases sur lesquelles s'adosseront la modernisation de l'agriculture et l'industrialisation, mais autour d'eux se développeront aussi des entreprises de services pour la restauration, la santé, le conseil, la gestion de projets, etc. Ils seront réellement de véritables hubs économiques, des supports de développement de zones de progrès économiques dans lesquelles pourraient émerger des projets d'habitation. Les

[3] Cheikh Serigne Saliou Mbacké.

opportunités qui pourraient découler de ces CAPA sont innombrables. Mais pour les implanter, il faudrait une étude forte et un sacrifice fort, car ils seront les vrais centres de l'émergence. L'État, par le concours des forces de sécurité, devra mettre en œuvre des stratégies de sécurisation des personnes et des biens dans les zones d'accueil de ces CAPA.

Ingénieurs des Eaux et Forêts, n'y a-t-il pas un moyen de récupérer l'eau des pluies pour gérer une partie du besoin de ces projets ?

Les fonds de garantie pourront aider à la stratégie de financement des entreprises supports et à la confirmation des AVETS comme entreprises naissantes. Les systèmes financiers dans les domaines agricoles pourront se décentraliser pour gérer ces marchés potentiels d'entreprises agricoles et de clientèle de particuliers, nouveaux salariés du secteur agricole.

On passera par la suite à une phase de consolidation des acquis par l'implantation des facultés d'ingénierie et de spécialisation dans les domaines agricoles, qui vont s'appuyer sur les entreprises naissantes et grandissantes pour la formation des professionnels, qui auront comme crédo la modernisation de l'agriculture ainsi que la conceptualisation des spécificités de l'agriculture sénégalaise suivant ses atouts, pour des projets de marketing sur les marchés internationaux. Au final, ces CAPA devraient être de véritables outils de construction de villages émergents, qui seront modernisés par des projets de développement économique ainsi que des projets adaptés d'habitation, qui favoriseraient la décentralisation économique.

2. Transposition des modèles dans les autres secteurs économiques

La maquette A4 sera facilement transposable dans le secteur de la pêche pour passer des méthodes artisanales rudimentaires à une pêche industrielle, dont les acteurs seront des entreprises sénégalaises. À l'ère où nous sommes, la pêche de forme artisanale ne doit rester qu'une affaire de tourisme ou d'occupation pendant des périodes de vacances.

Aussi, de la même façon, cette maquette pourrait être importée dans le domaine industriel. L'illustration se fera à partir d'un projet de développement de l'industrie automobile dans lequel nous avons un potentiel inestimable en termes de savoir-faire déjà acquis au niveau des entreprises artisanales. Cela amène l'idée de faire un projet d'exploitation de ce potentiel en faisant une jonction entre les initiatives de valorisation des connaissances acquises à travers les AFETU et les projets de création d'entreprises dans le secteur du transport. L'idée est qu'une entreprise de transport qui serait la propriété de 10 ou 20 professionnels de l'automobile, qui recruterait ses employés, ferait des prestations avec des coûts mieux maîtrisés. Ces types d'entreprises constitueraient en même temps les réceptacles de jeunes en quête d'expérience dans ce domaine. Les communes entreprenantes auront la mission de piloter un système qui prendrait en charge, selon les niveaux d'études des intéressés s'activant en apprentissage dans ce domaine au niveau de leurs localités, un cursus de formation qui assurerait la progression de ces jeunes vers des connaissances professionnelles avancées. Elles étudieront toutes les opportunités d'affaires qui, en même temps, serviront de cadre de formation et d'expérimentation des connaissances transmises à ces jeunes par les centres de formation professionnelle. Elles poseront aussi les stratégies et les conditions de restructuration des entreprises qu'elles auront créées, aux bénéfices des apprenants qu'elles auront pris en charge. Elles devront par la suite servir de conseillers à ces nouveaux professionnels qui vont se former en AVETS pour des projets d'entreprise dans les domaines de l'automobile ainsi que dans le domaine du transport.

Les études à mener sur ces projets seront nécessaires, au regard des opportunités liées à la mobilité interurbaine, notamment à l'agrandissement de la capitale, avec le déplacement des zones d'habitation vers Diamniadio ainsi que d'autres localités vers l'AIBD et vers la petite côte. Sans non plus laisser de côté les opportunités en termes de besoins de services de transport qui seront induits par la mise en œuvre des concepts ASSA et ATRAS avec les recrutements de masse et la continuité sur les plages horaires de travail.

Viendra par la suite la phase du décollage de l'industrie automobile avec l'agrandissement des masses de professionnels expérimentés dans tous les aspects qui touchent ce domaine. Progressivement, les écoles d'ingénierie s'implanteront avec le transfert du savoir par le système de la délocalisation et avec bien sûr le concours de l'État. Les offres de formations trouveront une demande exprimée par les professionnels du secteur automobile qui disposent déjà de revenus leur permettant de payer des études en ingénierie et qui cherchent à élargir leurs connaissances en vue d'opportunités d'agrandissement de leur business. Ainsi, d'autres AVETS se constitueront en vue de l'implantation progressive de grandes entreprises de construction automobile prêtes à se mettre en concurrence avec l'offre extérieure en valorisant le savoir-faire capitalisé et la compétitivité offerte par les coûts mieux maîtrisés.

Ce sera en même temps le lieu de réorganiser les entreprises individuelles de réparation qui interviennent dans ce secteur de l'automobile, avec les installations d'ateliers de mécanique dans tous les quartiers des villes. Cette occupation anarchique participe beaucoup à la pollution de l'environnement et favorise l'insalubrité des villes, avec l'exécution de tâches de réparation automobile dans des endroits qui sont inappropriés. L'image des villes est très négativement affectée par ce phénomène, pour lequel une solution pourrait être apportée, solution résidant dans une concentration de ces entreprises qui s'inspirent des CAPA. Deux décisions importantes doivent être prises : la création de centres des métiers automobiles (CMA) et des garderies de véhicules non fonctionnels (GVNF) dans chaque département. Les CMA abriteraient toutes les entreprises individuelles s'activant dans le secteur d'entretien et de réparation automobile qui n'ont pas les moyens de mettre en place, dans un lieu approprié, un investissement en outils d'intervention modernes dans ce domaine. Des critères seront définis pour les entreprises de réparation automobile qui voudraient s'installer en dehors de ces centres, notamment des conditions liées à l'emplacement et au niveau d'investissement à opérer pour obtenir une autorisation d'installation hors des CMA. Ainsi, toutes les entreprises qui ne respecteraient pas ces critères s'installeraient dans ces centres. Une organisation devra être mise en place entre les occupants des CMA avec le concours de l'État et des communes pour réglementer leur fonctionnement et favoriser l'installation d'outils modernes d'intervention sur la base d'investissements communs par participation des entreprises occupantes. Des outils de communication modernes devront permettre de contacter les prestataires de ces centres pour demander une intervention à l'atelier de son choix, qui se chargera de récupérer à n'importe quel endroit le véhicule à prendre en charge avec les moyens en commun en exploitation du centre. Les conditions d'utilisation de ces biens communs devront être clairement définies, ainsi que le système de provisions à mettre en place pour leur remplacement. Une organisation parfaite devra être mise en œuvre pour l'entrée et la sortie de véhicules en réparation, en vue de la sauvegarde des biens des demandeurs de services. Un système d'appui à la formation dans les métiers de l'automobile devrait être inclus dans ces CMA par des possibilités de stages à offrir aux jeunes en formation dans ce domaine. Ces CMA devront être de véritables cadres d'implantation du socle A4 dans le secteur de l'automobile.

Ensuite, les CMA devront être soutenus par l'ouverture d'espaces de garde des véhicules non fonctionnels (EGVNF) qui seront sous la responsabilité des communes et qui auront pour vocation de prendre en charge la garde temporaire des véhicules en panne, dont l'intégration en CMA pour réparation ne pourrait pas être prise en charge sur délai court par les propriétaires. Des conditions souples de gardiennage pourraient être définies par les communes, avec un délai limité au-delà duquel la commune pourrait de plein droit disposer de la propriété du véhicule. Le mode de fonctionnement de ces espaces devrait permettre de sécuriser les biens qui leur sont confiés.

Avec ces deux mesures, une décision courageuse devra être prise par l'État. Aucun véhicule non fonctionnel ne doit plus être toléré en stationnement sur quelque lieu public que ce soit.

La maquette se transpose facilement dans les autres domaines industriels, notamment la mécanique industrielle ou la motorisation de l'agriculture, avec ses nouveaux besoins en investissements induits par la croissance dans ce secteur.

Elle peut se transposer aussi dans le secteur des services. Il est d'abord évident que le développement des entreprises de services peut être un dérivé de la croissance des secteurs agricole et industriel, mais la maquette A4 peut aussi être posée aisément dans ce secteur par l'action des communes entreprenantes, qui mettraient en place des systèmes de valorisation du savoir-faire des femmes travaillant dans les ménages. La pose de la maquette A4 viserait ici une exploitation basée sur le potentiel de la force de travail constituée par les apprenants formés dans les domaines de la restauration, de la gestion de surface, de l'exploitation hôtelière, avec des entreprises qui seront la propriété future des apprenants et non celles d'investisseurs qui exploitent les compétences de ces personnes et qui s'enrichissent sur le dos des travailleurs. Les communes pourraient mieux exploiter diverses opportunités, allant de la gestion des déchets et la récupération des matières recyclables, à la création de leurs propres services d'incinération et d'entreprises de nettoyage, ainsi que beaucoup d'autres projets qu'ils pourraient piloter. Ces entreprises seraient des cadres de diffusion d'expérience pour les jeunes, mais elles seront destinées à leur être cédées.

Le secteur du bâtiment et des travaux publics est aussi rempli de potentialités inexploitées, constituées par les jeunes ouvriers qui s'activent dans l'informel. Mais le manque de formation dans ce secteur pose de nombreux problèmes. La plupart des réalisations dans les villes du Sénégal ne respectent pas les normes de construction. Cela va sans dire, ce problème de formation est l'un des facteurs à l'origine des questions d'insécurité au niveau des habitations. Il est aussi la cause principale des problèmes liés aux inondations et à l'hygiène dans la plupart des localités de ce pays, ainsi que des nombreuses autres difficultés comme l'insalubrité dans les bidonvilles,

les problèmes de voierie, les problèmes d'étroitesse des rues dans les banlieues avec les mauvais lotissages, etc. Ces problèmes sont constatés dans la quasi-totalité des localités urbaines de ce pays. C'est pourquoi la formation au niveau de ce secteur devrait être une question fondamentale, un impératif primordial. Au-delà des réponses sur la formation, nous devons tout casser et tout recommencer. Nous allons revenir sur ce point dans l'étude des projets phares qui devraient être réalisés pour la reconstruction de notre pays. Mais le tout est un problème de formation à l'origine et c'est cette question de la formation que les administrations doivent régler d'abord avant de s'attaquer à la reconstruction.

Cependant, au-delà de cette question de formation, une parenthèse peut être ouverte sur une question fondamentale relative à nos comportements dans un sens général. Prenons l'alibi de ce mot « comportement » pour oser donner une leçon de morale à certains d'entre nous qui ne savent pas que l'on ne doit pas jeter des tasses à jeter sur la chaussée ! On ne doit pas jeter des coquilles d'arachides ou des canettes vides, ni dans les rues de Dakar, ni sur l'autoroute à péage, ni sur les artères de la ville de Thiès, ni sur le goudron de la route Linguère–Matam, ni sur les voies des montagnes de Fongolimbi, ni sous les ponts de la future autoroute Ila Touba ! Si on le fait, le vent va les amasser dans les évacuations prévues pour les eaux et celles-ci ne seront plus fonctionnelles, l'eau des pluies et les eaux usées vont outrepasser leurs canalisations pour stagner sur les surfaces et détruire les ouvrages. C'est balancer nos milliards investis, à l'heure où l'on est obsédés par la traque des milliards mal acquis ! Ce que l'on doit faire est ceci : si l'on a ce genre de chose dont on veut se débarrasser, on les met dans un sachet, on plonge le sachet dans son sac jusqu'à ce qu'on trouve le lieu adéquat en chemin, ou à destination, pour les y laisser, en attendant le passage des services chargés de leur évacuation vers les lieux prévus à cet effet. Cela semble trop terre à terre, mais il y en a parmi nous qui ne le savent pas, et c'est un devoir que de le leur faire savoir. Monsieur le Maire de Dakar, je vous prie de rajouter du courage à votre courage pour régler cette question et celle des personnes qui prennent la liberté de faire leurs besoins dans les rues.

Pour en revenir à la formation, les communes entreprenantes doivent initier, dans le cadre de la mise en place des socles A4, des programmes qui permettront de passer des contrats de partenariat avec les microentreprises de génie civil enregistrées au niveau de leurs domaines, dans lesquels ils vont leur proposer l'encadrement des jeunes par des programmes de formation pratique en compagnie de formateurs professionnels qui seront des salariés desdites communes. La transposition de la maquette se poursuivra avec les AVETS ainsi qu'avec la promotion par l'administration générale de l'ingénierie dans les domaines de travaux publics, à travers l'implantation de grandes écoles dans ce domaine. Le Sénégal étant un pays à construire, il ne faudrait pas que ses marchés profitent à des entreprises à l'étranger.

CHAPITRE IV

L'OUVERTURE DES CHANTIERS DU DÉVELOPPEMENT ET LES STRATÉGIES D'ATTRACTION DES CAPITAUX ÉTRANGERS

Avec ces mesures, ne semblerait-il pas que notre navire sera en phase de quitter la berge ?

Cette question nous permet de faire une transition sur la mise en projet de certains chantiers fondamentaux auxquels nous allons devoir nous attaquer et dont les réalisations remettraient ce navire en posture de navigation sur les grandes eaux. Ces chantiers sont la promotion de l'indépendance énergétique, le réaménagement du territoire avec des infrastructures modernes, accompagnés de vastes programmes de développement immobilier ouverts aux marchés financiers internationaux, la construction de l'un des plus grands ports au monde en Casamance, qui servira de hub à un énorme réseau ferroviaire, éventuellement en accord avec des pays de la sous-région pour l'élargissement des marchés, ainsi qu'une interconnexion des villes avec les trains à grande vitesse, toujours avec le concours des investisseurs sur les marchés financiers internationaux.

À ce niveau, deux questions peuvent être suscitées par ces réflexions, la première étant celle de la souveraineté par rapport aux apports financiers internationaux et la deuxième étant relative à l'attractivité des projets par rapport aux capitaux internationaux.

Tous ces immeubles à New York appartiennent-ils aux Américains ? De même que les hôtels à Londres ou à Paris ? À l'ère de la mondialisation, les questions de souveraineté devraient être de plus en plus relativisées, le monde étant avancé dans un processus irréversible de globalisation. L'indépendance n'a de sens que dans le contexte historique du colonialisme et de l'impérialisme, avec l'exploration et l'exploitation des richesses et valeurs du Sud par le Nord. Mais dans ce contexte actuel de mondialisation, elle aurait plus une signification économique qu'un sens institutionnel. La notion d'indépendance institutionnelle ou étatique ne doit pas être un frein à l'ouverture économique et à la recherche d'opportunités extérieures.

Par ailleurs, il semble que les peuples d'Afrique ont été trop emportés par cette histoire d'indépendance, alors que leurs nations n'ont pas su poser les bases de ce qui constitue en fait sa quintessence, c'est-à-dire l'indépendance économique et sociale encrée dans leurs valeurs. Nous nous sommes focalisés sur une photographie et une transposition de textes institutionnels sans tenir compte réellement de nos cultures, pour constituer des nations qui, dans les faits, ne sont pas indépendantes. Dans son sens économique, l'indépendance devrait être appréhendée dans la capacité des États africains à négocier avec le monde extérieur, public ou privé, en faveur des intérêts des résidents.

Lorsque le général de Gaulle avait déclaré : « si c'est l'indépendance que vous voulez, alors prenez-la », il ne fallait pas la faire porter sur la tête ou sur les épaules, mais il fallait juste la mettre dans une valise diplomatique pour mieux négocier les conditions de l'échange avec les autres nations. Il fallait alors en faire une clé d'ouverture vers l'international. La première alternance au Sénégal avait essayé de rectifier ce tir, mais elle avait été critiquée.

Il ne faudrait pas non plus que les changements de régimes et de systèmes de gouvernance en Afrique puissent constituer des blocages pour ces réformes structurelles des cadres socio-économiques. Ces changements devront davantage s'adosser sur des stratégies basées sur la continuité des orientations et moins sur un perpétuel recommencement. Au Sénégal, une poursuite des assises nationales devrait amener à établir un pacte de convergence nationale sur les défis de l'émergence (PACONDE), contenant une liste d'orientations stratégiques et de projets sur lesquels les prétendants au pouvoir s'engageraient à ne plus revenir.

Pour revenir au sujet, les questions institutionnelles ont été trop favorisées aux dépens du progrès économique des nations, et le prix de cette erreur est aujourd'hui l'émergence des phénomènes des exodes clandestins, le « Barça ou Barzakh », ainsi que la fuite des cerveaux, que l'on peut appeler « traite des cerveaux », via les immigrations sélectives des pays riches. Les conséquences de cette nouvelle forme de traite dont la marchandise est la force de travail, se rajoutant donc aux conséquences de la traite des esclaves et du colonialisme, continuent de nous enfoncer dans la précarité et la faiblesse de nos systèmes économiques.

L'attractivité des projets d'investissement dépend de plusieurs facteurs. Nous n'allons pas nous étaler sur les facteurs qui sont plus ou moins directement liés aux projets, comme l'analyse de la rentabilité, ou bien à la souplesse des conditions juridico-fiscales ainsi que les conditions sécuritaires pour les investissements. Nous allons plutôt soulever des questions qui ont trait à ce que l'on peut appeler le « macromarketing d'État » ou le marketing global d'État. Ile doit être une stratégie d'attraction des investisseurs internationaux comportant deux volets principaux, qui sont les conditions d'existence ou conditions de vie humaine, et les opportunités d'affaires. Les pays africains ont un gap important à résorber sur ces deux volets.

D'abord, il faut que soient mises en œuvre des stratégies qui nous permettront de soigner notre image sur le plan des conditions sanitaires et environnementales. Nous devons lever cet inconvénient de l'image d'une Afrique des maladies et des environnements insalubres et dégradés. Cette faiblesse doit être combattue, même dans la pauvreté, en prônant un certain nombre de comportements. Nous ne pouvons pas continuer à reprocher aux autres leur méfiance par rapport à cette image, nous ne pouvons pas exiger d'eux de ne pas avoir un regard sur cette image, nous devons juste la combattre pour la supprimer de la vision du reste du monde. Nous devons présenter nos pays dans la vitrine des nations qui ont une partition à jouer dans la mondialisation. Les communes entreprenantes seront les maîtres d'œuvre des réalisations qui nous permettront de relever ce défi. Leur outil principal serait le socle A4 dont nous avons étudié les stratégies d'implantation. Les questions environnementales doivent aussi être appréhendées.

Le volet 2 du macromarketing d'État doit offrir une visibilité sur les opportunités d'affaires qui pourraient découler des projets d'aménagements et des réalisations d'infrastructures. Qu'ils soient financés par des investisseurs privés ou par les bailleurs de fonds institutionnels, ces projets doivent être des pilotes de marketing pour l'attraction d'autres investisseurs privés internationaux. Ils doivent constituer des atouts pour la promotion des AVETS à l'échelle internationale. Les communes entreprenantes devraient aider les AVETS à s'approprier toutes les études d'opportunités de ces grands projets. Ces AVETS devront prendre ces projets comme des outils marketing en appréhendant toutes les forces en faveur de leurs propres stratégies de communication et de négociation sur le marché des capitaux internationaux. Par exemple, si aujourd'hui, dans le cadre de l'intégration, on demande aux bailleurs de financer un projet d'implantation de TGV sur le trajet Dakar–Bamako–Niamey, toutes les communes qui pourraient bénéficier de l'impact économique devraient s'approprier ce projet, faire leurs propres études d'opportunités et constituer des sous-projets en s'appuyant sur la formule des AVETS. L'ensemble de ces sous-projets doit être intégré au projet pilote pour constituer un package marketing servant d'outil d'attraction pour les investisseurs. Il faudrait prouver que si on investit, on gagne, et que l'investissement mais aussi la personne seront sécurisés. Il ne s'agit pas simplement de dire « venez, investissez ! ». Voilà le rôle que l'État, et surtout les communes, peuvent jouer non seulement dans ce marketing d'État, mais aussi pour la pose des jalons de l'intégration. C'est par ce « libéralisme » soutenu par les communes entreprenantes qu'on pourrait concrètement réaliser une économie d'intégration. Le constat est que l'intégration, qui doit être un moteur pour la croissance et le développement, reste pour l'instant conventionnelle et institutionnelle ; elle n'est pas soutenue par des projets pilotes dont les réalisations devraient la concrétiser.

C'est un impératif d'ouvrir ces chantiers maintenant, pour relever les handicaps qui entravent notre marche vers les horizons de l'émergence. Pour cela, nous devons commencer par régler les questions fondamentales liées à l'énergie et à la distribution de l'eau. Au regard de la position géostratégique que nous avons par rapport à l'océan Atlantique, sur toute la longueur de la côte ouest, nous ne pouvons rester sans aucune stratégie mettant à profit cette position.

Ingénieurs de mon pays, les défis sont grands.

Au-dessus de Dakar, je vois des tracés envahis par les eaux qui ont percé la presqu'île sur plusieurs de ses endroits. Un ouvrage gigantesque qui imprime une écriture divine sur cette terre contournée par l'océan. Les tracés prenant leur origine à partir d'une localité aux environs de Bargny, transcrivant d'est en ouest les lettres arabes allif (ا), laam (ل) deux fois, et puis assahér (ه), l'écriture aboutissant à la porte d'entrée de la cité qui abrite le mausolée de l'Érudit dont l'appel fut entendu à quelques pas des vagues marines, en particulier par une communauté d'hommes et de femmes vêtus de blanc à l'occasion de sa célébration et chantant par les termes qui signifient « qu'il n'y a de Dieu que Dieu et que le Mahdi est son envoyé ». Le Savant ne l'avait-il pas lu ?

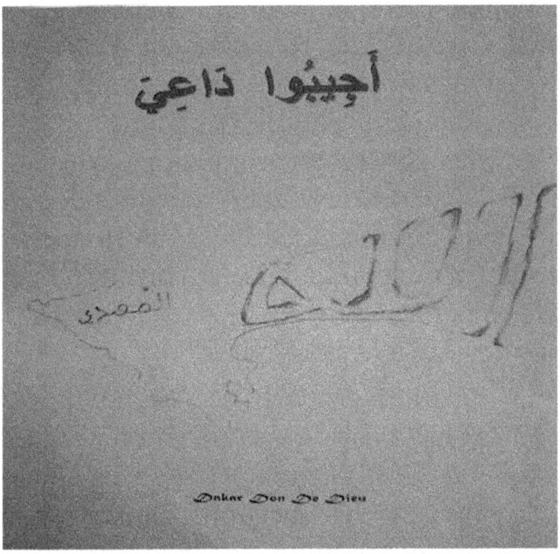

Il s'agirait bien de canaux creusés, dont certains ont des ouvertures sur l'océan. Ils auraient totalement métamorphosé la géophysique de cette partie du continent. J'aperçois les petits bateaux qui y flottent, des centrales implantées qui fument de part et d'autre, les unes avec d'énormes bouilloires immergées et de très grosses baguettes de chauffage, leur fumée faisant trembler de gigantesques machines, un cercle de brouillards géants qui s'alimentent mutuellement et qui se multiplient à l'infini, tandis que les autres marchent avec de très grandes turbines, avec des pales construites en matériaux composites, qui tournent, emportées par d'énormes chutes d'eau. J'aperçois aussi de gros bassins de stockage d'eau de mer transformée en eau buvable. Des pipelines qui déversent de l'eau en provenance des villes et d'autres qui en acheminent vers les autres villes. J'ai l'impression que toute l'électricité du monde pourrait provenir de ces installations.

Des ponts font la jonction des terres. Je fais plusieurs fois le tour, je m'assois sur l'un des gratte-ciel construits de part et d'autre de la presqu'île et je manipule un bâton, des fois pour ouvrir un pont et autoriser le passage d'une flotte, des fois pour stopper les voitures, régler la circulation. J'ai l'impression de dominer le monde.

Qu'est-ce que tout cela peut bien signifier ? Ingénieurs de mon pays, je vous interpelle. Vous avez le devoir d'interpréter mon rêve, si vous ne le faites pas, j'aurai le devoir de m'en ouvrir aux ingénieurs du reste du monde. Je ne voudrais pas que pour la première fois, mon rêve reste juste un rêve ! Car je n'ai jamais fait de rêve sans en voir les faits se réaliser.

Qui l'aurait cru, quand le pasteur Martin Luther King révélait ses rêves qui lui ont valu la mort par balle, qu'une famille noire résiderait à la Maison-Blanche pendant huit longues années, sans qu'aucun de ses membres n'ait reçu une balle dans la tête ? J'ai cette sensation que le continent noir décidera de ce que doit devenir le monde. Et tout est question de combat à mener.

Dans la poursuite de ce rêve, une structure apparaît et se présente avec la forme de la lettre « V ». Quelque chose me dit que l'ouvrage est le « V-énergétique » ; il se présente comme une énorme architecture qui se dessine sur la moitié de la surface de la presqu'île. Les chutes d'eau en provenance de l'océan s'abattent à partir de la pente du tracé dans le sens Malika–Thiaroye Azur, et repartent sur la pente Thiaroye Azur–Cambérène, faisant tourbillonner sur plusieurs dizaines de kilomètres des turbines qui transmettent de l'énergie sur le continent. Des machines contrôlent le niveau de l'eau sur les extrémités de la forme en V pour soit entraîner les chutes sur l'autre pente, soit pour les déverser sur la mer. J'ai aussi l'impression que la presqu'île représente le nez d'un visage plongé dans l'océan, dont le corps est l'Afrique. La terre de la *teranga* devrait bien en constituer les poumons, qui ne respirent pas, parce que ses narines sont bouchées.

Quoi que puissent signifier mes rêves, la construction de canaux qui traverseraient toute la presqu'île dans le sens nord-sud, débouchant de part et d'autre sur l'océan, ne pourrait pas manquer d'utilité. Il est bien possible d'y créer un cours d'eau artificiel d'au moins 70 kilomètres. À vos marques, chers ingénieurs ! Dakar est un Don de Dieu ! Il faudrait qu'elle se métamorphose pour devenir l'une des plus grandes villes touristiques du monde.

Mais en attendant, il faudrait qu'on s'attaque à certaines questions liées au changement de facette de notre cadre de vie et de nos comportements sociaux.

1. LA RECONSTRUCTION DE LA CAPITALE

Il faudrait que nous la reconstruisions avec de l'audace et une ambition démesurée. Cela consisterait à prendre le courage de poser des actes qui sembleront peut-être irréalistes. Une première décision à prendre est donc de débarrasser totalement les zones de constructions anarchiques pour y initier des programmes immobiliers d'envergure internationale. Il faudrait tout d'abord dynamiter la banlieue de long en large, de Grand Yoff à Malika. Il faudrait terrasser ces constructions qui étouffent l'évolution correcte de l'urbanisation, récupérer les gravats pour les envoyer dans les zones qui ont des soucis liés à l'érosion côtière. Comment a-t-on pu laisser cette anarchie progresser ? Surtout sur les zones comme Yeumbeul, Thiaroye, etc., et même dans les localités de Pikine et Guédiawaye, ainsi qu'à Grand Dakar, presque dans le centre-ville, il faut tout recommencer. On commencera par déplacer les occupants des sites qui ne présentent pas une configuration respectant les normes en termes de lotissement, ou ne disposant pas d'infrastructures environnementales normées sur les standards des grandes villes du monde. L'État s'attellera bien sûr à prendre les dispositions idoines pour les expropriations. Les populations ne devraient en aucun cas se sentir lésées. Les domaines récupérés devront faire l'objet d'un vaste programme de réaménagement urbain. Notre capitale offre une ouverture maritime qui peut se vendre à l'international. Les réaménagements et reconstructions de ces zones devront par la suite faire l'objet d'appels d'offres internationaux. Elles vont accueillir la future cité des gratte-ciel de Dakar. Point n'est besoin de s'étaler sur les implications financières et sociales de ce programme, dont les plus importantes seront la multiplication des PME et la résorption du chômage qui, rappelons-le, constituent le fondement de notre réflexion.

Les premiers ouvrages pourraient être initiés par l'État, pour la construction d'édifices qui abriteraient en hauteur tous les ministères ainsi que leurs Directions et départements qui n'ont pas besoin d'être établis dans des localisations spécifiques. J'encourage par là le projet de construction d'un site sur Diamniadio, dédié aux ministères. Mais il faudrait en étudier l'élargissement par une ambition de concentration géographique globale de l'Administration, en prévoyant le déplacement sur le même site de toutes les Directions n'ayant pas besoin de se localiser spécifiquement dans une localité donnée. Des études doivent être menées sur un tel projet pour la sécurité des biens et des personnes, et en particulier pour la sécurisation de l'information administrative. Sur ce dernier aspect, les avancées technologiques permettent de mettre en place des dispositifs de sauvegarde qui peuvent sécuriser l'ensemble des données concernant le Sénégal et les Sénégalais, de la préhistoire à aujourd'hui, dans un lieu indiqué, soit à Kaolack ou à Marrakech, soit à Toulon ou à Zürich, et de pouvoir en disposer en cas de catastrophe, pour des besoins de continuité de l'Administration.

Du point de vue des avantages économiques, c'est bien évidemment une cassure sur les charges budgétaires de l'Administration, avec des économies affectables à d'autres fins, mais en plus, et au moins, la disponibilité d'un énorme patrimoine immobilier constitué des anciens locaux administratifs que l'État pourrait affecter à la Santé et à l'Enseignement.

Un autre avantage évident serait une plus grande efficience de l'Administration avec la réduction considérable des délais de traitement et la gestion des marchés de l'État, ainsi que les effets économiques qui en découleront, notamment la rentabilisation des coûts du service administratif.

Dans le cadre de l'implantation du socle A4, l'État pourrait mettre à profit la disponibilité de ces lieux de travail pour créer des CSPND (centres de stages pour nouveaux diplômés). Il s'agirait de mettre à la disponibilité des jeunes diplômés ces espaces de travail en leur organisant des cadres d'expérimentation dans des domaines bien spécifiés dans chaque centre. Ces centres devraient être installés sous le contrôle et la supervision de gestionnaires spécialisés, dans le cadre de partenariats public-privé. Les services de l'Administration devraient être impliqués, ainsi que le secteur privé intéressé par ces projets. Par exemple, un secteur comme la justice, avec toutes les fonctions rattachées, pourrait trouver un grand atout dans ce type de projet. Non seulement on pourrait s'y adosser pour donner un capital d'expérience considérable aux jeunes diplômés des facultés de droit, mais l'on pourrait aussi trouver les moyens d'aplanir les obstacles liés aux lenteurs dans le traitement des dossiers de justice.

En ouvrant un centre rattaché au tribunal de Dakar, il pourrait accueillir des jeunes à qui cette administration pourrait confier des dossiers, leur permettre de remplir leur CV et d'avoir assez d'expérience pour s'intégrer facilement dans le secteur privé.

Toujours en restant dans ce domaine, l'Administration pourrait aussi mettre en place un partenariat avec des cabinets d'avocats pour la supervision de centres de stages visant à exercer des futurs avocats, en définissant des règles de fonctionnement dans le profit de toutes les parties prenantes, c'est-à-dire les stagiaires, les cabinets, mais également l'État lui-même, qui pourrait confier aussi certains dossiers à ces centres.

L'Administration devra trouver ainsi des systèmes de rémunération ou de bourse de stage pour les débutants de ces centres, établir des règles de progressions dans la carrière suivie, et travailler sur des projets de débouchés professionnels pour les stagiaires. Ce qui nous ramène en fait à nos ASSA et AVETS.

Les banques, assurances et autres administrations privées pourraient être intéressées par ces partenariats. L'État mettrait donc à leur disposition des immeubles à proximité pour développer des centres dédiés à leurs métiers, pour une plus grande implication du secteur privé dans l'insertion professionnelle des jeunes et leur meilleure préparation aux initiatives privées. Le secteur financier pourrait ainsi s'approprier ces projets et concrétiser les AVETS avec une plus grande assurance sur la capacité professionnelle des jeunes formés à travers ces centres.

Les entreprises privées pourraient avoir cependant des réserves sur l'opportunité de participer à un système de formation et d'insertion qui développerait une potentielle concurrence. Mais il faut rappeler que la croissance dans les différents secteurs de production à travers l'implantation des piliers des socles A4 induirait une demande croissante de biens et de services, et par conséquent, un élargissement des marchés constituant des débouchés pour cette force potentielle de travail.

Les communes aussi pourront être intéressées par ce programme en tirant profit de l'usufruit du patrimoine immobilier administré par leurs localités. Les opportunités qui pourront découler d'une telle réflexion sont innombrables et la transposition du projet dans toutes les régions du Sénégal permettrait au moins à l'Administration de pouvoir créer dans chaque département une structure de santé adaptée à ses besoins, un lycée et une université, ou de délocaliser des programmes universitaires nationaux ou internationaux par un partenariat avec les universités du monde sur les programmes d'enseignement, en fonction des besoins. Cette possibilité serait facilitée par les nouvelles méthodes technologiques de diffusion du savoir.

Les investisseurs d'ici et d'ailleurs devront être intéressés non seulement dans le domaine de la promotion immobilière, mais aussi dans les domaines de la santé, de l'éducation et la formation pour l'enseignement privé. Une promotion de PME et PMI du secteur des BTP pourrait se faire à travers la réalisation d'un tel projet. Ces entreprises nouvelles pourraient, en plus des demandes de travail qu'ils vont générer, constituer des cadres d'expérimentation pour les jeunes qui ont été formés dans ce domaine.

Le système bancaire et le système financier décentralisé trouveront par là un élargissement du marché des entreprises ainsi que de celui des professionnels et particuliers, provoqué par l'émergence qui se réalisera dans les régions et départements à partir d'une stratégie nationale basée en particulier sur la promotion immobilière. Le cycle A4 commencera à prendre de la vitesse dans les autres localités du pays. Une demande nouvelle pour l'habitat va naître. Ainsi, petit à petit, l'économie qui s'étouffe dans la capitale trouvera des ouvertures au niveau des autres régions par les vagues de création d'entreprise et d'emploi et par une croissance de la demande intérieure.

2. DES RÉFORMES DANS L'ENSEIGNEMENT

2.1 La révision du système éducatif

Dans la poursuite de ces réformes, des changements importants pourraient être apportés au niveau du secteur de l'enseignement. Ces changements devraient viser d'abord l'introduction des deux formules que nous avions annoncées dans l'étude du concept AFETU, à savoir l'option pour un cursus avec un enseignement de base religieuse avant l'entame des classes primaires et la mise en place d'un système d'enseignement sans échec (SESEC), et ensuite, une stratégie de renforcement des capacités d'accueil des campus universitaires devrait être pensée.

Nous allons dans un premier temps donner des arguments sur les propositions concernant l'option de base religieuse et le SESEC, qui doivent aller de pair.

Il faudrait d'abord évoquer quelques-unes des raisons qui devraient nous pousser à réfléchir sur le changement de notre système éducatif, en essayant de prendre en comptes nos réalités religieuses, économiques et socioculturelles.

Comme nous l'avions annoncé dans le déroulement de la proposition relative au concept AFETU, les échecs au niveau de l'entrée en Sixième et au niveau du bac ont beaucoup participé à mettre un nombre important de jeunes dans des situations sociales qui favorisent le chômage.

D'abord, l'échec au niveau de la classe de CM2 ne permettant pas d'avoir un niveau intellectuel nécessaire pour l'apprentissage d'un métier professionnel qualifié, l'élève, dans cette situation, risque d'avoir une intégration sociale difficile s'il n'a pas un entourage qui peut le prendre en charge correctement. La plupart des familles dans nos pays étant dans une situation précaire, cette difficulté a favorisé le versement de beaucoup de jeunes dans une situation de chômage ou dans l'exercice de tâches sans grande valeur ajoutée, ne permettant pas de subvenir convenablement à leurs besoins.

Ensuite, les échecs au bac après plusieurs tentatives mettent les jeunes dans une situation complexe. Leur niveau intellectuel fait qu'ils aspirent souvent à un rang social élevé et refusent généralement le retour vers l'apprentissage des métiers, qui ne reflète pas leurs aspirations et leur statut. Sans une qualification professionnelle leur permettant d'exercer le travail qui leur convient, ils se retrouvent dans une posture d'attente qui peut les conduire au chômage s'ils ne sont pas entourés de personnes pouvant les aider à atteindre leurs objectifs.

Par contre, il faudrait constater que le niveau du brevet, c'est-à-dire la fin du premier cycle du collège, permet à beaucoup d'élèves qui ne réussissent pas à franchir ce cap d'intégrer une formation professionnelle avec beaucoup d'aisance. Ce constat est important pour les motifs de changement dans le système éducatif. Il implique qu'il faut mettre le maximum d'apprenants dans des conditions qui leur permettent d'arriver au niveau du brevet.

Par ailleurs, il est avéré aujourd'hui que la mémorisation du Livre Saint en bas âge amplifie les facultés chez les jeunes. Des résultats palpables dans plusieurs structures qui ont mis en œuvre l'expérience ont montré que la mémorisation du Coran avant l'entame du cycle primaire offre au jeune apprenant la capacité de saisir le programme de deux classes du primaire en une seule année. Il faudrait donc saisir les opportunités que constitue cet atout majeur d'un parcourt initial de mémorisation du Livre Saint, et en faire une option à vulgariser au niveau des écoles du cycle primaire avec l'organisation requise, en parallèle de la formule classique des six années de ce cursus.

Nous expliquerons plus loin le mode d'intégration proposé pour cette option, mais à notre avis, il faudrait la mettre en œuvre pour deux mobiles fondamentaux au moins. D'abord, une demande potentielle existe compte tenu du fait que dans un pays comme le Sénégal, avec une population composée de plus de 90 % de musulmans, beaucoup de familles aspirent à une maîtrise des apprentissages coraniques. Cependant, du fait de la contrainte de l'âge qui risque d'influer notamment sur les choix et possibilités futurs des élèves et, par conséquent, sur leur avenir, les parents d'élèves préfèrent laisser tomber cet enseignement de base coranique qui, dans une certaine logique, est considéré comme facultatif par rapport aux objectifs de formation et d'insertion dans le milieu du travail. Le constat peut être fait que la plupart des parents musulmans envoient leurs enfants en école coranique pour leur permettre d'assimiler au moins quelques versets pour la pratique de leur religion. D'autre part, beaucoup de personnes, après une réussite sociale, expriment souvent le regret de ne pas avoir eu l'occasion de prendre connaissance de l'intégralité du Livre Saint. Ces constats prouvent que cette demande sociale existe et qu'il faudrait prendre les mesures de sa satisfaction dans notre système éducatif.

L'autre aspect de cette série de raisons est l'opportunité d'une meilleure rentabilisation du coût de l'éducation, compte tenu des coûts relativement moindres de l'enseignement coranique, mais aussi de la réduction quasiment de moitié du cycle des enseignements dans le primaire pour l'option de base religieuse.

À cela s'ajoute la réduction des échecs scolaires, induite par cette ouverture d'esprit et la croissance rapide de la mémoire de l'enfant qui, durant 3 à 4 années, est soumis à une épreuve de mémorisation et de développement de ses facultés intellectuelles.

Aussi, l'enseignement de base religieuse, suivi d'un cursus scolaire dans lequel l'apprenant prend connaissance des langues de travail pourraient aussi ouvrir des débouchés à ses récipiendaires, qui s'orienteraient vers les études en sciences religieuses de niveau secondaire et supérieur, s'ils ne sont pas en mesure de poursuivre les études au niveau de l'enseignement général.

Nous développerons aussi dans nos propositions les aménagements de temps nécessaires à la mise en œuvre de cette option.

L'instauration d'un système d'enseignement sans échec s'impose dans la mesure où l'objectif que devrait rechercher notre système éducatif serait moins une accumulation de diplômes par les apprenants, dans le but d'être recrutés par des entreprises publiques ou privées.

L'objectif devrait être de développer un système permettant aux apprenants d'accumuler progressivement des connaissances, en tenant compte des facultés individuelles, jusqu'à ce qu'ils acquièrent un degré de conscience et un niveau intellectuel avec lesquels ils seraient capables de prendre en charge leurs propres orientation et aspirations professionnelles. Le concept AFETU que nous avons déjà déroulé, avec l'implication des communes entreprenantes, devrait venir en appoint au SESEC pour permettre au système éducatif d'atteindre cet objectif. Ceci rentrerait dans une vision globale qui consiste à rendre potentiellement et indépendamment productive la population en âge de travailler.

Ce système devant tenir compte de toutes ces réalités, nous lançons des idées de réformes qui pourraient nous aider à prendre en charge les insuffisances du système actuel.

De telles propositions de reconstruction ne manqueraient pas de demander d'énormes sacrifices en tous points de vue. Cependant, pour que notre jeune Afrique se réveille de près de 60 ans de sommeil, il faudrait nécessairement consentir à ces sacrifices. Il est temps d'apprendre à nos enfants et petits-enfants qu'il leur appartient de faire les frais de ce très long sommeil, pour que leur Afrique puisse rattraper le monde.

Comme indiqué avant, l'option d'enseignement de base coranique doit être copiée sur le système des *daaras* modernes et de certaines écoles bilingues islamiques privées vers les écoles primaires publiques ou celles privées qui voudraient s'adapter au système à option. Les horaires de l'option devraient être aménagés sur deux plages horaires de 5 heures qui feront 10 heures d'études par jour sur les 24 heures. Une première plage de 5 h à

10 h le matin et une deuxième plage de 15 h à 20 h le soir. Les communes devraient intervenir à ce niveau pour sécuriser le déplacement des enfants aux heures du matin et de nuit.

Le travail scolaire devra se dérouler sur 10 mois de l'année, de septembre à juin, avec quelques petites périodes de pause. Le mois de juillet serait consacré à la période d'examens et le mois d'août aux vacances scolaires.

Ainsi, l'élève pour qui les parents choisissent l'option aura un cycle d'études de 4 ans (de 6 à 10 ans) exclusivement consacré à la mémorisation du Coran et à l'initiation dans la langue arabe, sanctionné soit par un certificat de mémorisation en cas de mémorisation parfaite, soit par un certificat de fin d'études coraniques, qui pourrait aussi lui ouvrir des horizons sur des études en sciences islamiques.

Après ce cycle, l'élève intègre l'école pour un cycle de 4 ans dans lequel il doit recevoir le programme des 6 classes du système général menant à l'entrée en Sixième, et un autre cycle de 4 ans pour arriver au niveau du BFEM actuel. Le point de convergence du système classique et de l'option de base coranique devrait être ce niveau du BFEM. À ce niveau, un examen pourrait être passé pour l'obtention d'un certificat d'aptitude aux enseignements supérieurs (CAES). À défaut, un certificat d'aptitude à la formation professionnelle (CAFP) pourrait être livré à l'apprenant. Le SESEC induirait par conséquent deux autres changements majeurs.

L'avancement de l'apprenant du primaire jusqu'au niveau du BFEM se ferait sur la base de la moyenne des notes de contrôle. Les examens en fin de cycle primaire devraient être supprimés. Pour une bonne efficacité du SESEC, les communes entreprenantes, dans le cadre de l'organisation des enseignements de recyclage que nous avons proposée à travers la mise en œuvre du concept AFETU, aideront à récupérer les apprenants qui ont des difficultés à suivre le cycle normal d'apprentissage. Ce système permettrait alors à ses apprenants d'avoir la possibilité de commencer une initiation dans le milieu du travail, qui constituerait pour eux un cadre d'ouverture de l'esprit et de prise de conscience, et de les maintenir en même temps dans un système plus souple, assurant la continuité dans la prise des connaissances intellectuelles. Ainsi, des réintégrations dans les cycles normaux pourraient être envisagées sur la base de tests de niveau.

Il faut rappeler que pour les questions budgétaires et financières, ces systèmes s'adosseraient sur les investissements déjà disponibles en jouant sur les plages horaires des emplois du temps d'enseignement. Le recrutement supplémentaire de personnel enseignant par l'Administration et les communes, dans le cadre des concepts ASSA et ATRAS, constitue non seulement une solution au chômage, mais il aura aussi un impact sur la demande, par l'attribution de revenus à de nouveaux travailleurs.

Le second volet du basculement vers le SESEC est un rattachement du programme de second cycle des lycées, c'est-à-dire les classes actuelles de la Seconde à la Terminale, aux enseignements supérieurs et universitaires, avec un système d'adaptation et de contrôle des écoles et instituts privés. L'examen du baccalauréat à l'issue de la classe de Terminale devrait être supprimé. L'intégration des enseignements supérieurs se ferait automatiquement à l'obtention du certificat d'aptitude aux enseignements supérieurs (CAES). Un cycle préparatoire devrait être organisé par les universités et écoles supérieures suivant les filières, avec une formule *open* pour la progression des apprenants. Ce cursus prépa définit les modules d'apprentissage de la filière avec les quantums horaires nécessaires pour chaque module. Ces modules composent des unités de valeur (UV) avec une moyenne requise pour la validation de chaque unité de valeur. Ainsi, un ensemble d'unités à valider serait fixé pour l'accession aux cycles qui mènent à la licence de la filière choisie. Un système de contrôle strict et efficace serait instauré dans les procédures de validation des UV aussi bien dans les établissements publics que privés. Les enseignements du cursus prépa s'organisent en cours principaux et en travaux dirigés (TD). Les cours seraient assurés par des professeurs titulaires et ces cours en présentiel ne devraient concerner que les modules principaux de la filière choisie. Avec l'utilisation des nouvelles technologies de l'information, un élève du niveau brevet pourrait s'auto-prendre en charge pour des modules qui constituent de la culture générale par rapport à la filière qu'il a choisie. Par exemple, on pourrait se passer de mobiliser un professeur pour donner des cours en présentiel sur les matières comme l'histoire, la géographie, et même les langues, dans les filières de mathématiques et sciences. Il suffirait de donner à l'apprenant un ensemble de thèmes constituant un module culture général sur lesquels il ferait ses propres recherches pour présenter à un jury son mémoire de culture générale en fin de cycle. Cependant, pour les TD, les titulaires de licence de la filière devraient être impliqués. Ces TD seraient un cadre d'échange libre entre apprenants. Dans les établissements publics, l'inscription aux enseignements des modules du cycle prépa serait autorisée une seule fois pour chaque module, sauf en cas de contrainte majeure, où une seconde autorisation pourrait être accordée. Cependant, l'inscription aux examens pour la validation des modules devrait être libre. Ainsi, la validation de toutes les UV requises pour une filière ouvre la porte aux études supérieures.

2.2 Les stratégies de renforcement des capacités d'accueil et les réformes universitaires

Pour la stratégie de renforcement des capacités d'accueil des campus, je me suis toujours posé la question de savoir pourquoi les centres d'œuvres universitaires sont construits comme des sites à usage de logement individuel, avec des immeubles constitués de chambres, intégrant un système remplissant tout ou partie des fonctions de lieu d'habitation, alors que leurs coûts de fabrication pouvaient être beaucoup moins élevés s'ils étaient construits en structures fonctionnelles séparées. Leur plan de construction ne semble pas être en adéquation avec la recherche d'une optimisation de la fonctionnalité de leurs locaux. Ils ne sont pas conçus de façon efficiente, car n'étant économiques ni du point de vue de l'optimisation des espaces dédiés ni du point de vue de la minimisation des coûts d'investissement et des charges de gestion. Dans le format actuel, seuls les locaux de restauration sont séparés des structures remplissant les autres fonctions. Pour une plus grande capacité d'accueil, ce format doit être changé.

Les plans de construction devraient être conçus par séparation des structures selon les fonctions, en créant des dortoirs, des box placards, des locaux sanitaires, des espaces de restauration, des salles de travail et des espaces de loisir. Seuls les lits des dortoirs et les placards doivent faire l'objet d'affectations individualisées. Cela pourra permettre des économies sur les coûts de construction. Une adoption de ce type de plan pourrait faire passer les capacités d'accueil du simple au quadruple avec les mêmes coûts de construction. En construisant les dortoirs, on pourrait éviter de construire des murs de séparation pour les chambres et utiliser des systèmes de cloisonnement et de séparation des lits avec des matériaux qui serviraient juste de rideaux entre les occupants. Les dortoirs n'incorporeraient pas d'installations de plomberies. Ils ne seraient non plus dotés de prises de courant pour branchement d'appareils. Ils devraient être juste équipés d'installations électriques pour l'alimentation des veilleuses individuelles et de système de ventilation. Un système de panneaux solaires pourrait satisfaire le besoin en énergie de ces dortoirs. Les factures d'électricité baisseraient avec l'utilisation du solaire. C'est imaginer un centre d'œuvre qui n'aura besoin de payer des factures d'électricité que pour son restaurant.

Les espaces sanitaires seront construits avec des matériaux moins coûteux. Par exemple, des clôtures annexées aux dortoirs avec des couvertures en fibre-ciment et des cloisons avec des matériaux moins lourds seraient plus adaptées à une utilisation collective. Leurs installations seraient ainsi moins coûteuses et moins complexes que si elles étaient intégrées aux dortoirs. Les coûts de construction dans un tel campus seraient divisés à plus de deux points. Les box placards feront réduire les investissements en mobilier de chambre. Les charges de gestion seraient mieux maîtrisées à travers ces systèmes de logements universitaires.

Ce système devra être accompagné de mesures plus importantes pour la sécurité, notamment une surveillance plus accentuée et sans ruptures des cadres, ainsi que des mesures visant la sensibilisation des stagiaires occupants, sur un nouveau modèle de gestion des campus, sur la discipline collective et sur un comportement estudiantin plus responsable. Des mesures telles que l'interdiction de tout appareil au niveau des dortoirs, y compris les téléphones personnels, avec l'installation du téléphone fixe pour réponses aux appels exclusifs des membres de la famille des bénéficiaires. Bref, il faudrait des règles de conduite mieux adaptée à ce type de construction.

Cela m'amène à penser que nous devons même aller plus loin dans le formatage des comportements au niveau du système éducatif, par exemple par la conceptualisation de la « discipline armée généralisée » (DAG). Ce concept pourrait être initié dans les cadres scolaires et estudiantins pour aider notre jeunesse à mieux se forger sur les valeurs comportementales, à mieux s'approprier les valeurs morales comme le civisme, l'honneur, le sens de la responsabilité, etc. Les projets d'émergence en Afrique doivent façonner l'homme, parce que, comme rappelé avant, le développement est tout d'abord et avant tout une question de comportement. Je pense bien que c'est sur la base de concepts similaires, visant le façonnage du comportement humain, que les pays émergents de l'Asie ont pu combler les retards qu'ils avaient connus par rapport aux pays d'autres continents. L'armée nationale pourrait être impliquée dans ce type de projet par l'envoi de personnel qui prendrait en charge l'enseignement de la DAG, aussi bien dans les écoles publiques que privées, suivant des programmes bien définis dans les calendriers des années académiques.

Avec la libération des bâtiments administratifs issus de la centralisation géographique de la fonction publique, les centres d'œuvres pourraient négocier des conventions avec des transporteurs pour le déplacement des étudiants entre les centres et ces bâtiments, qui auront comme nouvelle fonction d'abriter des facultés universitaires. Ce système, combiné avec l'accroissement des capacités d'accueil rendu possible grâce au nouveau système de construction des centres, ainsi que la mise en œuvre des concepts A4, pourrait permettre à une université comme celle de Dakar d'accroître ses capacités de façon substentielle.

La réduction des charges de gestion permettrait aussi le recrutement du personnel de surveillance ainsi que pour les autres corps du personnel administratif des campus universitaires.

Avec une transposition du même système dans les autres centres-villes du Sénégal, ce recrutement participerait à la compression du chômage sur tout le territoire national par un programme d'insertion massive dans les centres d'œuvres universitaires, avec la réduction des frais de gestion de ces administrations.

Sur un autre plan, l'adoption dans le système éducatif des sessions académiques trimestrielles faciliterait la mise en place du socle A4, avec un système de validation graduelle et souple des connaissances, compte tenu des contraintes que pourrait poser l'attraction des populations cibles du système AFETU.

Ce package de réformes proposées entraînerait une croissance du PIB, induite par l'accroissement fort de la demande intérieure. Cette croissance pourrait se réaliser avec un taux à deux chiffres si ces réformes s'accompagnent d'une politique extérieure favorisant l'élargissement du marché par le renforcement de l'intégration sous-régionale.

3. LA DÉCENTRALISATION ÉCONOMIQUE

Le premier jalon à poser dans ce sens est la délocalisation de la capitale économique au Sud. Dakar a certes ses atouts de par sa position stratégique, mais présente aussi une faiblesse due à l'étroitesse de sa partie circonscrite par l'océan. La presqu'île ne semble pas être disposée à élargir un trafic capable de contenir les effets logistiques d'une émergence pouvant engendrer le développement économique. C'est ce qui explique les difficultés actuelles sur la mobilité urbaine, qui s'est surtout aggravée suite à une décision d'autoriser l'importation de véhicules d'occasion âgés de huit années.

Les bouchons et embouteillages, même sur les voies de dégagement et sur la nouvelle autoroute Dakar–Diamniadio se constatent à longueur de journée durant les sept jours de la semaine. Cette situation risque d'être plus chaotique avec une émergence à fort taux de croissance. Imaginons dans ces conditions l'implantation d'une industrie automobile qui rendrait moins coûteuse l'acquisition de véhicules par les demandeurs. L'économie risquerait d'être étouffée par un dispositif logistique inefficace et des coûts de production non maîtrisables. Il faut donc prendre le courage de cet acte de transfert de la capitale économique. On pourrait l'appeler « décentralisation économique soutenue », qui pourrait prendre son point de départ au sud du pays. Elle doit être entreprise parallèlement à la mise en place des communes entreprenantes, qui implanteraient fortement les socles A4 sur les zones en connexion, avec de vastes réseaux routiers et ferroviaires qui seraient en mesure de répondre aux besoins de notre intégration sous-régionale et qui partiraient de l'un des plus grands ports au monde, construit sur toute la côte atlantique du sud du Sénégal. Les installations de ce port prendraient aussi le long du fleuve Gambie.

Ce port abriterait le premier centre de construction navale en Afrique. Autorités de mon pays, je vous invite à prendre les dispositions anticipatives sur ce projet, notamment l'installation d'une école de formation navale en Casamance. De la même façon, des écoles de formation aéronautiques et spatiales devraient voir le jour incessamment à Tambacounda, car c'est de là-bas que décolleront les premiers appareils qui seront envoyés à la conquête du ciel par l'Afrique.

Des réseaux routiers et ferroviaires se développeront sur l'axe Casamance–Tambacounda–Bamako–Niamey, avec des ramifications sur l'intérieur des pays, soucieux de construire avec nous, ensemble, les infrastructures de l'intégration et du développement économique de la sous-région.

Dans la recherche des moyens financiers pour la mise en œuvre de ces projets de reconstruction, les États devraient procéder à une mise à l'épreuve des entreprises nationales, en adoptant des méthodes incitant une participation active de ces entreprises dans les stratégies d'attraction des financements privés internationaux. Ces méthodes constitueraient aussi un moyen de favoriser la croissance des entreprises par une demande forte de l'État pour des investissements publics. Dans le cadre de l'intégration sous-régionale, un État pourrait procéder à des appels à manifestation d'intérêts pour la constitution de consortiums d'entreprises dans la sous-région, destinés à la réalisation de grands projets au niveau national. Ces projets pourraient être conçus sur la base de contrats de bail consentis en faveur de l'État par ces consortiums. Les termes de référence des appels d'offres demanderaient non seulement une forte implication des banques et autres institutions financières de la place, mais aussi l'ouverture possible pour les entreprises vers la recherche de partenaires techniques et financiers sur les marchés internationaux. L'État pourrait proposer des mesures incitatives par le moyen de subventions à la formation des ingénieurs recrutés dans le cadre des partenariats techniques qui seraient noués.

Les contrats devraient comporter des volets « formation » en cours de réalisation, qui pourraient intéresser les écoles d'ingénierie locales. Par exemple, l'État du Sénégal pourrait tenter cette expérience pour un projet de réalisation d'une centrale de production d'énergie avec un incinérateur d'ordures. Il pourrait ainsi faire une appréciation des business plans conçus par des projets de consortium qui se proposent de se lancer dans la réalisation.

Et l'on retrouve par-là les AVETS, ramenés à une dimension de consortiums, d'association vers un consortium (AVECONS).

Le socle A4, et particulièrement les AVETS, auront ainsi un terrain de prédilection dans cette décentralisation économique. Ces AVETS sont les regroupements de bras armés suffisamment préparés, qui auront la fonction de tirer notre navire vers le large, vers les grandes eaux sur lesquelles naviguent les imposants paquebots.

La composante force de travail qui sera issue de ces AVETS est la seule variable de la fonction de production. En partant de la fonction de production originelle, le capital a été une constante primitive. Il a évolué avec le processus primaire du travail. En posant *K'* comme le capital primitif constitué par l'eau dans toute sa composition, les océans, les fleuves, etc., la terre, avec tout ce qu'elle renferme, le soleil et le vent, ces éléments sont disponibles à l'égard de tous et représentent une constante à l'échelle globale.

En partant de la fonction classique, on pourrait poser :

$X(K, L)$

avec X = production ; K = capital et L = travail, où $K(K', L)$.

La constante K' nous ramènerait à $K(L)$ et puis $X(L)$.

« Il n'est de richesse que d'hommes », pour reprendre Jean Bodin.

La fonction principale de la création de valeur pourrait se poser de façon simple comme suit :

$V = F(T)$

V étant toute valeur économique créée et Fonction de la force de Travail.

Ceci nous amène par ailleurs à formuler une critique sur la constitution du capital, en prenant un exemple pour montrer comment l'évaluation de ses composants peut induire très souvent des déséquilibres dans la répartition des richesses. Prenons l'exemple de la conservation des biens immobiliers au Sénégal. Le propriétaire d'un terrain acquis 20 ans auparavant pourrait se retrouver avec une valeur actuelle du terrain estimée à *N* fois la valeur qu'il avait décaissée au moment de son acquisition. Donc, sans aucun apport en valeur travail, par rapport à ce bien précis, sur une durée de 20 ans, il se retrouve en possession d'une valeur en capital qu'il pourrait apporter en société. Il continuera à s'enrichir avec des encaissements de dividendes sur une valeur qu'il n'a pas créée. Et un processus de déséquilibre dans la distribution des richesses se déclenche à partir d'une valeur provenant de la mise en œuvre par l'État des processus économiques relatifs aux travaux d'aménagement sur le domaine national.

Dans un tel cas, pour chercher l'équilibre dans la distribution des richesses créées, l'Administration devrait récupérer par l'impôt les 3/4 voire les 4/5 de ces valeurs.

Quand bien même, c'est une passion pour moi de développer des questions d'économie, je n'oserai pas trop m'avancer sur les théories et les formulations mathématiques, j'évite de réveiller de vieux mauvais souvenirs de la Faculté d'économie. Les formules mathématiques qu'ils utilisaient me traumatisaient. J'ai été cependant attentionné par les théories de Keynes sur l'intervention que l'État devait faire via les dépenses publiques pour relancer la demande, et l'offre stimulée par cette nouvelle demande induirait la croissance et la réduction du chômage. Cela me parle mieux aujourd'hui, je vais revisiter ses écrits pour voir si je suis maintenant en mesure de comprendre ce dont il s'agissait réellement. Mais en attendant, je proposerai de retenir le canevas de l'implantation du socle A4 comme support de la relance de l'activité économique par l'accroissement de la demande publique.

Notre continent en a servi à tout le monde, de cette force de travail, mais tarde à en bénéficier. Il faudrait prouver par le travail que sans la force de travail des Africains, le capital mondial n'aurait pas été constitué, et l'Afrique aura convaincu le monde.

TABLE DES MATIÈRE

Le Sénégal

aux éditions L'Harmattan

Dernières parutions

L'ESTHÉTIQUE SOCIALE DES PULAAR
Socioanalyse d'un groupe ethnolinguistique
Sy Harouna
L'esthétique sociale pulaar est une mise en ordre éthique de la vie sociale. Elle est l'inventaire systématique de ce qu'il y a de beau et de laid dans le social relativement à ses valeurs, à ses normes, à ses règles et à ses codes qui commandent des postures, des relations, des rapports et des qualités appropriés. L'analyse des contradictions de la société pulaar du Fuuta Tooro a révélé des logiques et des stratégies fondées sur des rapports de castes et sur les représentations sociales que ces rapports produisent.
(31.00 euros, 304 p.)
ISBN : 978-2-343-11189-6, ISBN EBOOK : 978-2-14-002810-6

LE BAYNUNK GUNAAMOLO, UNE LANGUE DU SUD DU SÉNÉGAL
Analyse phonologique, morphologique et syntaxique
Diop Sokhna Bao - Préface de Denis Creissels
Le Sénégal est un pays multilingue avec des langues majoritaires et des langues minoritaires, de par le nombre de leurs locuteurs, mais également de par la quantité de travaux dont chacune dispose. Les langues majoritaires ont fait l'objet de nombreuses recherches, à la différences des langues minoritaires. Ce constat est à l'origine du choix porté sur la description de la variante gunaamolo du baynunk (parlé au sud du Sénégal, plus précisément à Niamone, dans la région de Ziguinchor) qui est une langue en danger très peu décrite. L'utilité et l'intérêt de ce travail résident dans la sauvegarde et la connaissance de cette langue et sa communauté. Elle peut servir aussi de référence à des recherches futures.
(Coll. Études africaines, 38.50 euros, 392 p.)
ISBN : 978-2-343-09614-8, ISBN EBOOK : 978-2-14-002913-4

DE L'HÉRITAGE ARABO-ISLAMIQUE SAINT-LOUISIEN
Une illustration par les œuvres d'Abbas Sall et d'Abdoulaye Fall Magatte
Fall Cheikh Tidiane - Préface de Samba Dieng et Postface de Mouhamed Habib Kébé
Cet ouvrage porte sur la réhabilitation du legs culturel arabo-islamique ouest-africain en général et saint-louisien en particulier. Revaloriser un pan du patrimoine culturel par l'entremise de l'imagination poétique locale de deux intellectuels demeure l'objectif principal de cette étude. Une partie descriptive

constituée de la traduction d'une cinquantaine de poèmes suivie d'un volet analytique constitue la méthodologie de ce travail de recherche. La moisson tirée de ce travail préliminaire apporte quelques éclairages sur l'intérêt de la traduction de manuscrits arabes, notamment ceux produits par d'éminents ulémas du Sénégal, tels les deux poètes faisant l'objet de cette étude.
(Harmattan Sénégal, 35.00 euros, 340 p.)
ISBN : 978-2-343-11306-7, ISBN EBOOK : 978-2-14-003014-7

L'AGRICULTURE DU SÉNÉGAL SOUS LA COLONISATION
Diop Ismaïla
L'introduction de l'arachide au Sénégal au début du XXe siècle révolutionne le paysage agricole. La France décide alors de faire du Sénégal une colonie arachidière. Le Sénégal devient la troisième puissance arachidière du monde après les États-Unis et l'Inde. Cette monoculture extensive aboutit à un déficit vivrier chronique, une dégradation des sols, une dépendance vis-à-vis des importations de riz en provenance d'Asie. Pour y remédier, le rapport de la mission Roland Portères de 1952 recommande des mesures d'aménagement du territoire, de restauration des sols, de promotion de l'agriculture intégrée sérère.
(Harmattan Sénégal, 23.50 euros, 218 p.)
ISBN : 978-2-343-11129-2, ISBN EBOOK : 978-978-2-14-002836-6

CASAMANCE
À quand la paix ?
Bassène René Capain – Préface du père Nazaire Diatta
Malgré leur volonté et leur engagement affichés d'aller vers la fin du conflit armé en Casamance, la position des parties en guerre n'a jamais réellement évolué. L'État du Sénégal se dit prêt à négocier sur tous les points, sauf sur ceux relatifs à l'intégrité territoriale et l'unité nationale, alors que, de son côté, le MFDC soutient une position contraire en déclarant être disposé à ne négocier que sur la question se rapportant à l'indépendance totale de la Casamance. Cette situation montre que le conflit armé est encore loin de finir en Casamance.
(28.50 euros, 276 p.)
ISBN : 978-2-343-10426-3, ISBN EBOOK : 978-2-14-002593-8

PARCOURS D'UN JOURNALISTE AUTODIDACTE
Ndiaye Pape Ngagne
Préface de Mamoudou Ibra Kane
Pape Ngagne Ndiaye, par son style, est devenu un rendez-vous incontournable de l'espace audiovisuel sénégalais. L'émission «Faram Faccce» qu'il anime présentement sur TFM est très courue des hommes et femmes politiques pressés de se soumettre au feu roulant et nourri des questions du redoutable interviewer, unique dans son genre. Ce livre n'est pas seulement une autobiographie, mais aussi une réflexion thématique et une sélection rigoureuse de certains numéros de la célèbre émission qui se veut «un décryptage des questions majeures de l'actualité nationale».
(37.00 euros, 360 p.)
ISBN : 978-2-343-09916-3, ISBN EBOOK : 978-978-2-14-002822-9

DES FRANCENABE AUX MODOU-MODOU
L'émigration sénégalaise contemporaine
Fall Papa Demba - Préface du Professeur Abdoulaye Bara Diop
Principalement centré sur la France et ses anciennes colonies d'Afrique, le champ migratoire sénégalais s'est, de manière originale, progressivement étendu à des destinations naguère méconnues ou peu fréquentées (comme les États-Unis, l'Italie, l'Espagne, l'Afrique du Sud ou le Brésil). Peu à peu, les migrants sont devenus des acteurs incontournables du développement. La prise en compte de ces populations, et de leurs mouvements, devient donc nécessaire aux programmes et politiques de développement durable.
(Harmattan Sénégal, 40.00 euros, 559 p., Illustré en noir et blanc)
ISBN : 978-2-343-10796-7, ISBN EBOOK : 978-2-14-002539-6

«DOYEN» AMADY ALY DIENG, LE TRANSMETTEUR INTÉGRAL (1932-2015)
Économie biographique ou sémio-Histoire
Ngaïdé Abdarahmane
Amady Ali Dieng nous a quittés il y a un an. Pour lui rendre hommage et s'en rappeler les enseignements, l'auteur de cet ouvrage a décidé de compiler ses nombreux écrits ou interventions. Les quatorze textes qui composent cette anthologie sont représentatifs et significatifs de la personnalité, du style et des préoccupations d'Amady Ali Dieng. On y retrouve son style, son humour et son esprit critique.
(Harmattan Sénégal, 23.50 euros, 228 p., Illustré en noir et blanc)
ISBN : 978-2-343-10855-1, ISBN EBOOK : 978-2-14-002561-7

41 RULES TO BE HAPPY
Kane Babaly
Seeing that happiness is the goal towards which all men strive for, the author wrote this book to help the reader in treasuring the joyous of life and realizing his desires in entirety, to be fulfilled, to claw his way to the top and to assure him it will turn out well in the end. Moreover, this book intends to give the keys us to get the secret for reaching we want in this life. 41 rules to be happy is a little self help book which has 41 rules that are meant to allow every reader to live life in full potential.
(Harmattan Sénégal, 14.50 euros, 138 p.)
ISBN : 978-2-343-10904-6, ISBN EBOOK : 978-2-14-002583-9

SÉNÉGAL
Les limites du Plan Sénégal Émergent
Mansour Samb El Hadji
Cet ouvrage présente une analyse profonde des politiques publiques en décortiquant le Plan Sénégal Émergent (PSE) qui jusque-là n'a fait l'objet d'aucune analyse critique sérieuse. Le Sénégal est face à un défi, le défi de son émergence, un défi qu'il compte relever avec tous ses fils. Ce défi qui mobilise aujourd'hui tout le monde doit nous pousser à proposer de nouveaux chemins et à animer un débat nécessaire et incontournable dans tout processus d'émergence.
(Harmattan Sénégal, 27.00 euros, 276 p.)
ISBN : 978-2-343-09721-3, ISBN EBOOK : 978-2-14-002372-9

SÉNÉGAL
Dynamiques paysannes et souveraineté alimentaire
Le procès de production, la tenue foncère et la naissance d'un mouvement paysan
Diop Amadou Makhouredia
Préface d'Yves Guillermou ; Postface de Fodé Niang
Le présent ouvrage contribue à la compréhension des stratégies développées par la petite paysannerie et les dynamiques qui animent les exploitations agricoles familiales permettant la production de biens nécessaires à l'alimentation et l'entretien des familles. La capacité des paysans à prendre en main leurs propres préoccupations a été mise en évidence par l'émergence d'organisations, de groupements, d'associations et d'unions dans tout l'espace rural sénégalais.
(Harmattan Sénégal, 26.00 euros, 256 p.)
ISBN : 978-2-343-10852-0, ISBN EBOOK : 978-2-14-002457-3

HISTOIRE ET SOCIOLOGIE DES RELIGIONS AU SÉNÉGAL
Tamba Moustapha
Le Sénégal reste une exception dans le domaine religieux : 90 % de musulmans, 5 % de chrétiens et 5 % d'adeptes de l'animisme. C'est aussi le pays où les musulmans et les catholiques partagent le même cimetière, où les conjoints partagent des religions différentes, où les écoles privées catholiques comptent 60 à 70 % d'élèves de confession musulmane, etc. Ce phénomène n'est pas dû au hasard. L'histoire et la sociologie des religions permettent de l'expliquer amplement. Cet ouvrage souligne cette exception sénégalaise pour montrer qu'au moment où notre monde est en proie au fanatisme, à l'intolérance et au terrorisme religieux, le Sénégal propose un autre « modèle ».
(Coll. Études africaines, série Economie, 41.00 euros, 426 p.)
ISBN : 978-2-343-10424-9, ISBN EBOOK : 978-2-14-002506-8

FIGURES DU POLITIQUE ET DE L'INTELLECTUEL AU SÉNÉGAL
L.S. Senghor - M. Dia - A. Ly - CH. A. Diop A. Diouf & F. Mitterrand - J.R. De Benoist - A. Seck - TH. Fall - A. M. Samb - A.M. Samb JR - TH. Monod - H. Bocoum - G. R. Thilmans
Samb Djibril
Cet ouvrage réunit des personnalités politiques et/ou intellectuelles très diverses : Léopold Sédar Senghor, l'Immortel Noir ; Mamadou Dia, le brillant économiste ; François Mitterrand et Abdou Diouf, deux experts politiques, ou encore Théodore Monod, le savant probe. Ces figures sont autant de coryphées auxquels l'auteur a voulu rendre hommage, afin de rappeler que la terre africaine du Sénégal ne manque pas de princes de l'esprit ni de nourriture intellectuelle.
(26.00 euros, 266 p.)
ISBN : 978-2-343-10731-8, ISBN EBOOK : 978-2-14-002513-6

L'HARMATTAN ITALIA
Via Degli Artisti 15; 10124 Torino
harmattan.italia@gmail.com

L'HARMATTAN HONGRIE
Könyvesbolt ; Kossuth L. u. 14-16
1053 Budapest

L'HARMATTAN KINSHASA
185, avenue Nyangwe
Commune de Lingwala
Kinshasa, R.D. Congo
(00243) 998697603 ou (00243) 999229662

L'HARMATTAN CONGO
67, av. E. P. Lumumba
Bât. – Congo Pharmacie (Bib. Nat.)
BP2874 Brazzaville
harmattan.congo@yahoo.fr

L'HARMATTAN GUINÉE
Almamya Rue KA 028, en face
du restaurant Le Cèdre
OKB agency BP 3470 Conakry
(00224) 657 20 85 08 / 664 28 91 96
harmattanguinee@yahoo.fr

L'HARMATTAN MALI
Rue 73, Porte 536, Niamakoro,
Cité Unicef, Bamako
Tél. 00 (223) 20205724 / +(223) 76378082
poudiougopaul@yahoo.fr
pp.harmattan@gmail.com

L'HARMATTAN CAMEROUN
BP 11486
Face à la SNI, immeuble Don Bosco
Yaoundé
(00237) 99 76 61 66
harmattancam@yahoo.fr

L'HARMATTAN CÔTE D'IVOIRE
Résidence Karl / cité des arts
Abidjan-Cocody 03 BP 1588 Abidjan 03
(00225) 05 77 87 31
etien_nda@yahoo.fr

L'HARMATTAN BURKINA
Penou Achille Some
Ouagadougou
(+226) 70 26 88 27

L'HARMATTAN SÉNÉGAL
10 VDN en face Mermoz, après le pont de Fann
BP 45034 Dakar Fann
33 825 98 58 / 33 860 9858
senharmattan@gmail.com / senlibraire@gmail.com
www.harmattansenegal.com

L'HARMATTAN BÉNIN
ISOR-BENIN
01 BP 359 COTONOU-RP
Quartier Gbèdjromèdé,
Rue Agbélenco, Lot 1247 I
Tél : 00 229 21 32 53 79
christian_dablaka123@yahoo.fr

www.ingramcontent.com/pod-product-compliance
Lightning Source LLC
LaVergne TN
LVHW051408061026
849535LV00009B/3435